**NHK 趣味の園芸　よくわかる 栽培12か月**

# カエデ、モミジ

川原田邦彦

趣味の園芸

# 目次

## カエデ、モミジの魅力と品種 … 5

- 日本のカエデ属 … 6
- 江戸時代に多くの品種が誕生 … 9
- 紅葉だけではないカエデ、モミジの魅力 … 12
- カエデ、モミジのある庭 〜新しい楽しみ方 … 15
- カエデ、モミジの代表品種 … 21
- カエデの仲間のミニ庭園をつくりましょう … 38
- 庭を広く見せる工夫 … 40

## 12か月の管理と作業 … 45

- 栽培を始める前に … 46
- 1月 … 50
- 2月 穂木の貯蔵／寒肥を施す … 54
- 3月 … 58
- 4月 さし木(休眠枝ざし)／タネまき／つぎ木(切りつぎ、呼びつぎ) … 66
- 5月 芽摘み … 70
- 6月 枝垂れ性品種の芯を立てる／剪定の基本 剪定する枝(不要枝)のいろいろ、枝の切り方、枝抜き剪定の手順／枝抜き剪定／さし木(緑枝ざし) … 78
- 7月 とり木／つぎ木(緑枝つぎ) … 86
- 葉をすべて落とせば移植が可能／腹つぎもできます
- 8月 葉焼けに弱い品種の日よけ／捕殺したい害虫 … 90
- 9月 … 92

目が覚めるような赤に紅葉したイロハモミジ。
10月下旬、長野県にて

T.Hazama

つぎ木（芽つぎ）……96

10月……100

11月 移植、植えつけ 庭植えのイロハモミジの移植／鉢植えの植え替え／呼びつぎ株を切り離す／休眠期の剪定 株立ちのイロハモミジの剪定、枝の切り方のよしあし、枝垂れ性品種の剪定……112

12月

## 栽培上手になるために カエデ、モミジQ&A……115

- カエデ、モミジの主な病気、害虫とその防除法……122
- 北国（寒冷地）のカエデ、モミジ……125
- 南国（暖地）のカエデ、モミジ……126
- カエデ、モミジが入手できるナーセリー、ショップ……127

## Column

- モミジとカエデの違い……56
- 赤くなるカエデ、黄色くなるカエデ……69
- 春紅葉（はるもみじ）……84
- 新品種はこうしてつくる……89
- 紅葉が赤くなるわけ……94
- カエデと日本庭園……98
- こんなカエデもある……99
- カエデ、モミジと日本人……110
- サトウカエデの樹液からつくられるメイプルシロップ……114

*T.Hazama*

## 本書の使い方

本書はカエデ、モミジの栽培管理について、1月から12月まで月ごとにわかりやすく紹介しています。

- **「カエデ、モミジの魅力と品種」** では、カエデの仲間の利用の仕方や主な品種を写真で紹介しています。品種選びの参考になるように、育てやすく魅力的な品種をよりすぐりました。それぞれ、特性や栽培ポイントにもふれています。
- **「12か月の管理と作業」** では、月ごとの主な作業と管理を解説しました。主な作業は、適期の月にプロセス写真で紹介しています。
- **「栽培上手になるために　カエデ、モミジQ&A」** では、カエデ、モミジの栽培に関連する疑問やよくある質問に答えています。

**管理は植物に合わせて**　その年の気候や栽培場所の環境、管理状態によって、生育状況は大きく左右されます。あくまで、お住まいの地域の気候や植物の生育状態に合わせた管理を心がけてください。

＊学名について　日本語表記の品種名に続く欧文表記は学名で、属名、種小名はイタリック体で表記。' 'で表記された品種は古くから存在し、品種として認められているもの、または種苗登録品種。「 」で表記された品種は、流通名（品種登録されていないもの）を表します。なお、属名の*Acer*は初出を除き、*A.*で表記しています。

# カエデ、モミジの魅力と品種

　紅葉する樹木の代表、カエデの仲間。紅葉＝カエデ（モミジ）といっても過言ではありません。赤、黄、橙、それらと緑色の混色、紅葉の色合いはさまざま。そして、秋の紅葉以上に春の新梢「春紅葉（はるもみじ）」が美しく、赤、桃、黄、橙、紫、白、緑、黄緑色、それらの複色と、まさに万華鏡のようです。万葉の時代から親しまれ、江戸時代にはブームが起こり、連綿と現代に引き継がれている日本の庭木、カエデの仲間の魅力と多彩な品種を紹介します。

トウカエデの園芸品種 '花散里' の新芽
*JBP-S.Maruyama*

# 日本のカエデ属

イロハモミジなど27種が自生している

## カエデの仲間は日本の山野にごく普通に見られる

　カエデ科は、カエデ属とキンセンセキ属の2属からなり、世界に約160種があります。キンセンセキ属は中国に2種が見られるだけで、ほかはカエデ属に属します。日本には27種が自生しています。なかでもイロハモミジ(別名イロハカエデ、タカオカエデ)、オオモミジ、ヤマモミジが日本のカエデを代表しています。これらの種類は日本のほとんどの地域に分布しており、園芸品種もこれらの種を抜きには語れません。しかもこれらは日本人の生活に密着して親しまれてきました。いずれも葉が掌状に5〜9裂するため、その葉形は「カエデ」あるいは「モミジ」と同義になっています。

　しかし、これらはじつはカエデの仲間では少数派で、世界的に見ても、切れ込みの浅い大型の葉形のものが主流です。その大型の葉をもつカエデもいろいろな品種が作出されたり、発見されたりしていますが、日本のカエデにはかないません。現在、欧米での日本のカエデの人気は想像以上に高いことも知っておきたいことです。また、上記3種以外にもハウチワカエデ、コハウチワカエデ、ヒナウチワカエデ、オオイタヤメイゲツがすばらしく、庭園樹として欠かせないものになっています。

イロハモミジの夏の葉
JBP-A.Tokue

JBP-M.Fukuda

## イロハモミジ
*Acer palmatum*

　落葉高木。福島県以西の太平洋側山地に見られる日本のカエデを代表する種。5〜7裂する掌状の葉は小型。裂片には重鋸歯がある。秋の紅葉が美しい。写真は紅葉、山梨県にて。

### ヤマモミジ
*A. amoenum* var. *matsumurae*

　オオモミジの変種で、青森県から石川県までの日本海側に分布する。

### オオモミジ
*A. amoenum*

　落葉高木。北海道から九州までの山地に自生し、イロハモミジに次いでよく庭園に植えられる種。葉がやや大きく、5〜9裂する。裂片には単鋸歯がある。写真は紅葉、埼玉県にて。

### ハウチワカエデ
*A. japonicum*

　落葉高木。北海道から本州に分布。葉が大型の円形で、9〜11裂する。その葉形を天狗の羽団扇に見立て、この名がついた。

### コハウチワカエデ
*A. sieboldianum*

　落葉高木。別名イタヤメイゲツ。葉形がハウチワカエデに似ているがやや小型。本州から九州、屋久島に分布。写真は紅葉、埼玉県にて。

# 江戸時代に多くの品種が誕生

日本の庭木を代表する樹種になる

イギリス、コッツウォルズ地方の庭園、キフツゲート・コートのボーダー花壇。カエデがシンボルツリーになっている。5月初旬

## 江戸中期には品種紹介本が出版される

多くの人々がカエデ、モミジの紅葉を観賞するようになったのは江戸時代に入ってからで、江戸中期からカエデ、モミジに関する出版物が出版されるようになりました。なかでも特筆すべきは、江戸は駒込・染井の植木屋「きり嶋屋(伊藤)伊兵衛(三之丞)」が元禄8(1695)年に『花壇地錦抄(かだんちきんしょう)』を出版し、23品種を紹介したこと。その後、4代目伊藤伊兵衛(政武)はカエデ、モミジの専門家として知られ、宝永7(1710)年『増補地錦抄』を出版、36品種を紹介。さらに享保4(1719)年に『広益地錦抄』に36品種、享保19(1734)年に『地錦抄

附録』に28品種を記載しています。このころから、カエデ、モミジは日本の庭木を代表する樹種になります。

カエデ、モミジ人気は明治時代にも引き継がれ、明治15（1882）年に伊藤家の子孫と、岡誠五郎によって『槭品便覧（せきひんびんらん）』というカエデ名鑑がつくられました。202品種がひらがなとローマ字で解説されており、海外に向けても発せ

カエデの寄せ植えコンテナ。右端（赤）が'燕換'、中央手前の斑入り種は'胡蝶の舞'、中央後ろは'鬱金'、左の後ろは'筑波嶺'、手前の赤葉は'千歳山'。5月、埼玉県にて

られたことがわかります。このころ、埼玉県安行の植木屋、上野巳作、小林右衛門がモミジの栽培を始め、国内外に販売し始めました。

以来、順調に普及していたカエデ、モミジですが、第二次世界大戦で多くの品種が失われました。その後、残った親木をもとに生産が増大していきましたが、昭和40年代のオイルショックで植木生産は壊滅的な打撃を受けました。カエデ類はこれを機に売れなくなり、生産も減少しました。しかし、昭和60年代ごろからカエデ、モミジに対する一般の人気が高まり、「品物がない」という時代が続きました。バブル経済がはじけた平成4年ごろから、カエデ、モミジの需要は増加気味で、専門の生産者もふえ、新品種も続々紹介されています。

## 庭はもちろん、鉢栽培まで用途が広がる

カエデ、モミジは、新梢、新緑、紅葉と四季の変化に富み、庭の植栽のなかでも重要な役割を果たします。

最近は、日本の住まいが洋風化しており、庭も洋風に変わってきているためか、海外種のカエデも人気が出てきています。これらはシンボルツリー的な使い方や、一部生け垣にも利用されています。また、雑木の庭の流行で、今まで、あまり利用されていなかった日本の原種も使われ始めています。メグスリノキ、クスノハカエデなどはそのよい例で、前者は株立ち仕立てのものもあり、シンボルツリーに、後者は珍しい常緑種で雑木の庭の主木や、鉢栽培で観葉植物としても使われています。都会のベランダにも鉢植えのカエデ、モミジが見られるようになりました。自然回帰志向が強まっていることもあり、今後はますますカエデ、モミジが使われていくものと思われます。

民家の庭先を彩るカエデの仲間。11月下旬、東京都にて

# 紅葉だけではないカエデ、モミジの魅力

## 葉色、葉形、花、実、枝の色

カエデ、モミジ＝紅葉と連想する人が多いのではないでしょうか。たしかに紅葉こそ、最もよく知られた魅力ですが、ここではカエデ、モ

幹が美しい「美峰」
*JBP-A.Tokue*

ミジの仲間の魅力を多面的に探ってみました。

**紅葉（こうよう）** 日本人は万葉の時代から紅葉を愛でることを秋の楽しみにしてきました。万葉人が愛でたのは「黄葉（もみじ）」が中心で、当時は「紅葉」の文字はまだ見当たらず、奈良や飛鳥にハギの紅葉（黄葉）が多かったことと関係がありそうです。やがて「紅葉狩り」という言葉も定着します。初期の紅葉狩りはツタ、ハゼ、カキなど、多くの樹種の紅葉と一緒にカエデも楽しまれていたようです。やがてカエデの仲間が紅葉を代表するようになります。紫式部は『源氏物語』の「紅葉賀（かざし）」の巻で、モミジの下で光源氏がモミジを挿頭（髪や冠にさした

カエデの花。品種は '松が枝'

紅葉が黄色にしかならない '鬱金'

カエデの実。品種は '大盃'

紅葉が美しい代表種 '大盃'

造花や花枝。この場合、紅葉の枝を冠にさしたものと思われる）にし、舞楽「青海波（せいがいは）」を舞う情景を描いています。

## 赤くしかならない、黄色にしかならない品種

　紅葉は、文字どおり、葉が赤くなることですが、濃赤、淡赤、橙、黄色、それらが混ざった複色など、品種や条件により、変化が見られます。紅葉と品種の関係を大きく分けると、どんな条件下でも赤にしかならない品種、黄色にしかならない品種があり、多くの品種は日照条件により、どちらかになったり、複色になります。

　特にアメリカやヨーロッパ原産のカエデはほとんどが黄葉し、紅葉する種類はベニカエデぐらいで、カエデ類が紅葉の代表という考えはあまりなかったようです（現在では日本のカエデが普及し、専門書や専門ナーセリーも登場している）。

**春紅葉（はるもみじ）** 新梢は「春紅葉」と呼ばれ、秋の紅葉に負けない美しさです。新梢の色は赤、ピンク、黄、黄緑、緑、紫、白色、それらの複色など多種多様で、なかにはピンクから白、黄、黄緑、緑色へと変化する品種もあります。赤、紫葉のなかには秋までずっと色のさめない品種もあります。ほとんどの品種は成葉になると黄緑、緑になり、夏には緑色に変わりますので、好みに合わせて品種を選びたいものです（84〜85ページ参照）。

**葉形** カエデの仲間の魅力のひとつに葉形があります。カエデというよりもモミジの葉といったほうがピンとくるかもしれません。だれもが5〜9裂に深く裂ける掌状の葉を思い浮かべるのではないでしょうか。これはイロハモミジ、オオモミジ、ヤマモミジの葉形です。しかし、じつはこの3種が非常に多いのです。日本にはこの形はカエデの仲間では珍しく、多くの種はまったく違う形をしています（99ページ参照）。

**花と実** 春の花は案外知られていませんが、緑の葉のなかに咲く赤い花はかわいらしいものです。花と同じように、実も美しく、観賞に値します。個体差はありますが、イロハモミジにもピンク色の実がびっしりついて花のように見えるものもあります。クスノハカエデも実が赤く、葉とのコントラストが美しい種類です。

**枝、幹** イロハモミジの '珊瑚閣'、'鬱金' は落葉期の枝が美しく、前者は珊瑚のような赤、後者は黄緑色で、いずれも冬の庭を美しく彩ります。最近、枝が橙色の「美峰」という品種も作出されています（12ページ参照）。

# カエデ、モミジのある庭〜新しい楽しみ方

カエデの仲間を植えた日本庭園の一角。5月上旬

## カエデ、モミジを中心にした現代の庭をつくろう

　カエデやモミジは、日本庭園では庭の主役としてではなくわき役として利用されます。主木にはアカマツを筆頭に、モチノキ、モッコクなどの常緑樹を配し、その添えとして使うのが一般的です。カエデの仲間は、樹形がやわらかで美しく、新緑、紅葉が楽しめ、四季の情感を醸し出します。日本人の好みに合った使いやすい庭木なのです。

　カエデの仲間は、洋風庭園にもよく調和します。住まいが洋風建築に変わったため、庭も洋風にと考える人がふえています。カエデの仲間

# 1 カエデ、モミジだけで構成する庭

トウカエデ'花散里'をシンボルツリーにした庭。
4月上旬、茨城県にて

をシンボルツリーにしたり、日本の里山のような雑木の庭をつくる人も多くなりました。
そこで、現代の庭に似合うカエデ、モミジの使い方を考えてみました。

＊添え　庭のポイントになる主木を生かし、庭を形づくる木。中木ともいう

庭の形を図面に描き、カエデ、モミジを配置していきます。大切なことは庭の環境、つまり日照時間、水はけのよしあし、土壌の種類などを知ること。次に将来の木の大きさ、樹形などの木の性質をよく調べます。環境、特に日照時間により、紅葉が変わってきます（38～42ページで庭づくりを紹介）。

● 環境条件

**日照**　日照時間が短い場所で紅葉を楽しみたい場合は、日照時間が短くても赤くなる品種を選びます。品種は園芸店で相談しましょう。

**水はけ**　水はけが悪い場合は客土や土壌改良をしてから植えつけなければなりません。

＊客土　土を入れ替えること。一般に良質の土などに入れ替える

**土質**　粘土分が多くて水はけが悪い土であった

JBP-M.Tsutsui

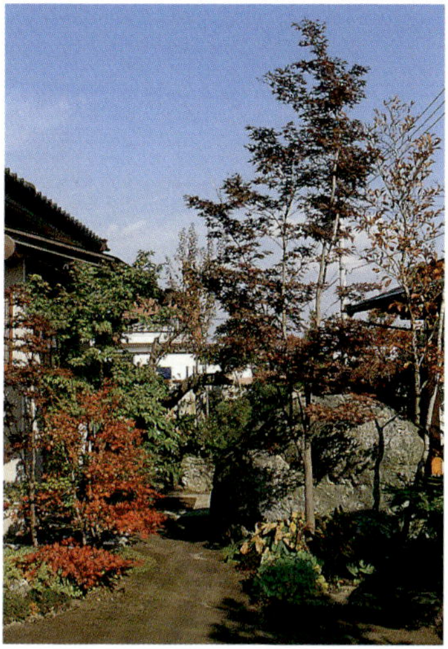

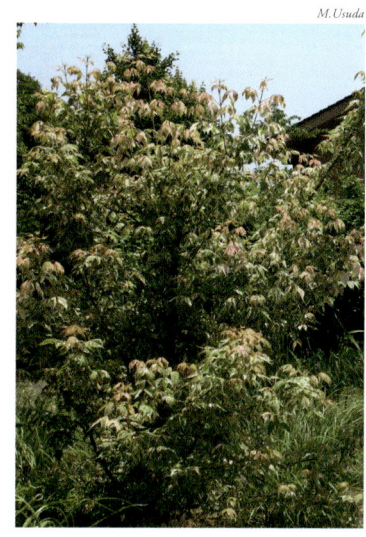

カエデを主木にした庭。11月、栃木県にて

M.Usuda

ネグンドカエデ‘フラミンゴ’を植えた庭の一角。5月下旬、岡山県にて

り、砂質で水はけがよすぎ、さらに有機物が不足している場合は土壌改良が必要です。

新築の住まいの庭の場合、良質の表土を捨ててしまったり、重機の出入りで地盤が固くなっていたりすることがあります。なかには余ったセメントなどが土中に埋められていることもあります。セメントは強アルカリ性で、カエデ類を植えつけると数年で枯死することがあります。

## ●木の性質

**大きさ**　選んだカエデやモミジがどのぐらいの大きさになるのか、どんなスピードで伸びるのか（成木になるまでにどのぐらいの時間がかかるのか）を知っておく必要があります。庭に植えるとあまり大きくならなかったり、伸びすぎたり、思いどおりにはならないものです。

**樹形**　小さな苗木のうちはわからないことが多いので、調べる必要があります。横に伸びないい

もの、上には伸びないもの、上にも横にも伸びるもの、枝垂れるものなど、樹形はさまざまです。

**葉色** 新芽から新梢、夏の葉、紅葉など、品種の特性と庭の日照条件を考慮して、どの品種を選ぶか、決めましょう。

カエデ、モミジだけを組み合わせても華やかな庭がつくれますが、下草を上手に取り入れます。また、常緑性のカエデもぜひ、入れたいものです。

## 2 カエデ、モミジを主木にした庭

カエデ、モミジを主木にした美しい庭を考えてみましょう。

最近ではシンボルツリーとして株立ちが好まれ、メグスリノキ、ハウチワカエデ、コハウチワカエデなどに人気があります。

カエデ、モミジを主木にする場合、品種の選定と組み合わせが重要になります。ある程度、大きくなり、新梢や紅葉に特色がある品種が使いやすいです。わき役にはカエデ以外の低木で、樹形や葉色をポイントに主木を引き立てる種類を選びましょう。カエデ、モミジが赤紫色の葉ならわき役は黄葉のもの、あるいはその逆など、洋風のスタイルがつくりやすいでしょう。

## ●斑入り品種やカラーリーフ

### 斑入り品種
トウカエデ'花散里'やネグンドカエデ'フラミンゴ'など、斑入り品種を使うと華やかな雰囲気になり、長く楽しめます。

### カラーリーフ
赤紫色の葉、黄葉などカラーリーフのカエデもおすすめです。赤紫色の葉では、'出猩々'や'千染'などは派手な品種ですが、赤紫色をしているのは春の一瞬で、すぐに緑になってしまいます。赤紫色の'猩々'や

真っ赤に紅葉した'滝野川'のコンテナ。11月、茨城県にて

コンテナで楽しむ'珊瑚閣'。6月、茨城県にて

ノルウェーカエデ'クリムソン・キング'、黄葉のノルウェーカエデ「プリンストン・ゴールド」などは秋まで色づいています。しかし、ほとんどの品種は夏には緑色に変わります。7月ぐらいまで変わらない品種は長く楽しめる品種です。欧米に比べ、日本は夏が高温多湿なので、北海道や長野県など冷涼な地域以外は早く色あせて緑になる品種が少なくありません。

新梢が鮮やかな赤紫色の'猩々''稲葉枝垂'など、日本ではわき役としてよく使われる品種がありますが、欧米では必ず、黄葉の品種と組み合わせて植栽します。互いに引き立て合う植栽で、参考にしたいものです。

**紅葉** 紅葉が美しい品種は、'大盃''滝野川''猩々'など多彩で、古くからよく植えられています。

## 3 そのほかの楽しみ方

### ● コニファーと組み合わせる

欧米のコニファーガーデンにはカエデが欠かせません。コニファーには赤葉のものがありません。そこで、赤葉の植物として紅枝垂など、大きくならないカエデが重宝されています。カエデとコニファーの組み合わせは大いに参考になります。

＊赤葉の枝垂れの総称で、「紅枝垂」という品種はない。「青枝垂」も同様。

### ● 生け垣にもカエデ

生け垣といえば、常緑樹で枝葉が密に茂る樹種が一般的です。しかし、トウカエデやコブカエデなども生け垣に適しています。刈り込めば大きくならず、枝も密生し、目隠しを兼ねるようになります。落葉するドウダンツツジが生け垣としてよく使われますが、カエデの生け垣も同じように使えるのです。

### ● 鉢植えを楽しむ

カエデは盆栽の定番ですが、寄せ植えや大鉢に植えて、簡単に楽しむことができます。草花の寄せ植えはよく見かけますが、カエデを使う人は少ないようです。カエデを中心にして、ほかの植物を組み合わせて植えてもよいし、いろいろなカエデを組み合わせて植えてもよいでしょう。

カエデを中心にする場合は色彩を重視し、新梢、紅葉の美しい品種を選びましょう。カエデだけを組み合わせる場合は樹形の異なるものを寄せるとおもしろく、さらに葉色も考えます。下草に山野草を使うと小さな雑木の庭ができます。

大鉢（10号以上の鉢）に植えると、樹高2〜3mぐらいまで楽しめます。あまり大きくしたくない場合や、集合住宅などで庭がない場合におすすめです。

# カエデ、モミジの代表品種

庭木としておすすめのカエデの仲間と、その園芸品種を紹介します。
＊樹高は苗木（つぎ木後2～3年）を5～8年程度、庭で育てた場合を基準としています。

## イロハモミジの園芸品種
*A.palmatum*

春

### 茜 （あかね） *A.palmatum*「Akane」

萌芽時は目の覚めるような橙色で、展開後は黄色になる。黄色の時期は比較的長く、やがて黄緑色になる。樹勢は弱く、あまり大きくならないが非常に美しい品種である。樹高1.2m程度。紅葉は黄色で、散り際は赤くなる。

### 鬱金 *A.palmatum* 'Ukon'
うこん

　別名 '青柳'。葉は黄緑色で葉柄、枝も黄緑色をしている。冬の枝も同色を保って美しく、観賞に堪える。樹勢はやや弱いが、樹高は3.0mほどになる。紅葉は黄色。江戸時代にはすでに知られていた古い品種。

### 限り
かぎ
*A.palmatum* 'Kagiri'

　葉は小さく、覆輪斑が入る。新梢は濃いピンクの斑で夏には白っぽくなる。生育は遅いが樹勢は弱くない。樹高は約2.5m。紅葉は赤から橙色。江戸時代から知られている古い品種。

### 胡蝶の舞
*A.palmatum* 'Kocho-no-mai'

　新芽は赤で萌芽し、だんだん薄れてピンク色の斑となる。やがて白い斑となる。斑の部分が多く、非常に美しい。一見、樹勢が弱そうに見えるが、丈夫で栽培しやすい。『槭品便覧』に記載がある品種。樹高は約2.5m。紅葉は紅色から橙色。

＊『槭品便覧（せきひんびんらん）』は明治15（1882）年のカエデのカタログ。202品種が紹介されている

◀ ### 紅獅子
*A.palmatum*「Kurenaijishi」

　獅子頭タイプの赤葉品種で、矮性。新しい品種。巻き葉で下に向かって曲がる。新梢は淡赤茶色で初夏には灰茶色に変わる。夏は帯紫緑色。樹高は約1.0m。紅葉は赤から黄色になる。

### オレンジ・ドリーム
*A.palmatum* 'Orange Dream'

　新梢は黄色で葉先が茶色、のちに黄橙色になり、美しいが比較的早く退色して緑色になる。樹高は約3.5m。紅葉は濃い赤。イタリアで作出された品種。

### 小紋錦
*A.palmatum* 'Komon-nishiki'

　新梢の斑はやや紅色で、のちに黄白色になる。砂子斑が細かく入り、芸がこまやかな品種である。初夏には白斑になる。樹形は立ち性でのちに横張りになる。樹高は約3.0m。紅葉は赤から橙色になる。『槭品便覧』には、「小葉紅斑後白色」とある。

＊砂子斑　細かい点が全面に入る散り斑の一種

### 寿　*A.palmatum*「Kotobuki」

　新梢は濃いピンクで、白い斑が入るが、斑の入らない葉も多い。斑入りの葉は夏まで色があせないので美しく、長く楽しめる。樹高は約3.0m。紅葉は赤。'旭鶴'の選抜品種であるが、葉色がより鮮明で美しい。

## 獅子頭
### A.palmatum 'Shishigashira'

葉の縁が上に反り返った独特の葉形の品種。葉色は濃い緑。樹高は3.0mぐらいまでであまり大きくはならない。似た品種に'雄獅子'があり、葉がより強く反り返る。樹高は約2.5m。紅葉は赤から紅色になる。『槭品便覧』に記載がある品種。

## 出猩々
### A.palmatum 'Deshojo'

新梢の色が濃い赤でよく目立つ。夏は緑色。盆栽、庭木として利用され、人気が高い。樹形は横張り性で樹高は3.5m程度。'新出猩々'、'紅舞妓'は同一品種である。樹高は約2.5m。紅葉は紅色。千葉県で昭和40年代に作出された品種。

## 舞森 A.palmatum「Maimori」

新芽の萌芽時は茶色で、展開すると緑にピンク、橙、クリーム色の斑が入り、夏には黄白色の斑に変わる美しい品種。斑を長年維持するのは難しい。なお、切り斑なので、全斑になると枝枯れしやすい。斑の入らない枝は1節残して切り取る。樹高は約2.0m。紅葉は赤くなる。

\* 切り斑（染め分け斑）　葉の中肋を境にして片側などに入る斑。源平斑などともいう

### りゅうもんにしき
**龍紋錦** *A.palmatum* 'Ryumon-nishiki'

新梢は黄緑色で葉先が茶色、のちに淡緑色の斑が入る。夏は緑の葉に白斑が入る。『楓品便覧』に記載がある古い品種。樹高は約3.0m。紅葉は紅色。

### りゅうせん
**流泉** *A.palmatum* 「Ryusen」

イロハモミジの枝垂れ性品種は少ないが、本種は埼玉の生産・研究者、小林和治氏により、2002年に'次郎枝垂'の実生から選抜された品種で、枝が垂直に枝垂れる。庭に植えると枝が這うので、高い斜面に植えるとよい。高つぎをするとすばらしい樹形が楽しめる。紅葉は橙色。

＊高つぎ　つぎ木の一種で、台木の高い位置に穂木をつぐこと

# オオモミジ、ヤマモミジの園芸品種
*A.amoenum*　　　*A.amoenum* var.*matsumurae*

春

### 天城時雨（あまぎしぐれ） *A.amoenum* var.*matsumurae*「Amagi-shigure」
'鴫立沢'の赤葉品種といえるものに、'赤鴫立沢'、'笠置山'があるが、本種もその一種で色のつややかな品種。新梢は真っ赤で非常に美しい。夏は日当たりでは茶色に、半日陰では赤くなる。樹高は約2.0m。紅葉は真っ赤。

## 稲葉枝垂 (いなばしだれ) *A.amoenum* var.*matsumurae* 'Inaba-shidare'

春から夏まで比較的鮮やかな赤紫色の葉で、紅枝垂れの代表種。色が美しいため、よく植えられている。カエデの枝垂れ性の品種はほとんどがヤマモミジの裂葉のものである。樹高は約2.5m。紅葉は濃い赤になる。『槭品便覧』に記載がある品種。

## 燕換 (えんかん) *A.amoenum* 'Enkan'

葉が細く裂け、'赤七五三' に似ているが、葉色が鮮やかで色がさめない。新梢から濃い赤紫色で、秋の紅葉も赤くなる。韓国で作出された品種。樹高は約3.0m。

## 大盃 (おおさかずき) *A.amoenum* 'Ohsakazuki'

葉が大きめで、新梢が緑色のタイプと赤色のタイプがある。夏はどちらも緑色で、紅葉は赤くなる。紅葉の代表種でもある。葉がわずかに表側に盃状に反り返るのでこの名がついた。実生でふやしたものは「実生大盃」として区別しているが、これも紅葉は美しい。樹高は約3.0m。

紅葉

春

M.Usuda

### 切錦 (きれにしき)
*A. amoenum* var. *matsumurae* 'Kire-nishiki'

青枝垂れの代表種で、一般に青枝垂れというとこの品種を指す。春からずっと緑色で、紅葉が朱色になる。庭木として広く植えられている。紅枝垂れに比べ、大木は非常に少ない。樹形は枝垂れ性。江戸時代から知られている古い品種。

### 錦糸 (きんし) *A. amoenum* 「Kinshi」

新梢からずっと緑色。葉は、'青七五三' よりさらに細い。現在「琴の糸」と呼ばれるが、これは関西の生産者が名づけたもので、古くからの「琴の糸」とは異なるために、小林和治氏によって新たに名づけられた。樹高は約3.0m。紅葉は赤。

春

春

### 金襴 (きんらん)
*A. amoenum* var. *matsumurae* 'Kinran'

新芽の萌芽時は緑で、展開後は鮮赤色、のちに濃紫紅色になる。夏はくすんだ緑色で、赤茶色が残る葉もある。木は大きくならず、樹高2.0～3.0m程度。江戸時代からの古い品種。紅葉は橙色に黄色が交じり美しい。

## 猩々 *A. amoenum* 'Shojo'

新芽の萌芽時から濃い赤紫色で、夏はややくすんだ濃い赤紫色になる。紅葉は真っ赤になるので一年中赤葉の品種。1930年のカタログに記載がある品種だが、似たものがいくつかあり混同されている。樹高は約4.0m。

## ▲ 鴫立沢
*A. amoenum* var. *matsumurae* 'Shigitatsu-sawa'

春の新梢は黄緑色で、のちに中肋と葉脈、細葉脈が緑色になり、黄色の中に浮き上がった線が非常に美しい。全体に黄色に見える品種である。夏は薄い緑に濃い緑の斑が入る。紅葉は赤から橙色。『槭品便覧』に初めて記載された品種で、樹勢はやや弱く、樹高は約2.0mほどにしかならない。

K.Kawarada

## 新小葉猩々
*A. amoenum*「Shin-koba-shojo」

新梢は赤紫色で、そのまま夏を越す。やがて濃い赤紫色になる。'猩々'のやや小型品種で丈夫である。樹高は約4.0m。紅葉は真っ赤。

### <ruby>爪紅<rt>つまべに</rt></ruby> *A.amoenum* 'Tsuma-beni'

　新梢は黄色で葉先が赤、のちに葉先の赤い緑色になる。紅葉は橙色。大葉で葉柄の基部に裂片の小さいものがないのが特徴。樹形は芯が立たない。水切れに弱い。似た種に'爪柿'（つまがき）があり、よく混同される。こちらはやや小ぶりの緑色の葉でくすんだ赤が葉先に入る。紅葉は橙黄色で美しい。裂片の小さいものがあり、青軸で立ち上がり、樹形は美しく、庭木に向く。両種とも『槭品便覧』に記載がある。

### <ruby>大明錦<rt>たいみんにしき</rt></ruby>
*A.amoenum* 'Taimin-nishiki'

　オオモミジの'大明'の斑入り品種で赤茶色の葉の中にピンクの斑が入る。葉全体がピンクのもの、ピンクと赤茶色になるもの、ピンクが絞り状に入るものなど変異が多い。夏は赤茶色が緑に、ピンクが白に変化する。斑は長年維持することが難しく、気がついたら'大明'に戻ってしまっていることが多い。樹高は約2.5m。紅葉は赤。

## 外山錦 (とやまにしき)
*A.amoenum* var.*matsumurae* 'Toyama-nishiki'

　古くからある紅枝垂れの斑入り品種。新梢は茶色にピンクの斑が、やがて茶緑色に白とピンクの斑に変わり、さらに茶緑色に白の斑となる。樹高は約1.0m。紅葉は黄色。なお、樹勢が弱く、あまり大きくならない。

## 花纏 (はなまとい)
*A.amoenum* var.*matsumurae* 「Hanamatoi」

　1994年ごろ、東京で'外山錦'の実生から生まれた品種。枝垂れ性。新梢は赤茶色で、赤い斑が入り、のちにピンクの斑になる。非常に美しい、今までにない品種。紅葉は紅色。

## 彗星 (すいせい)
*A.amoenum* var.*matsumurae* 'Suisei'

　アメリカで作出された青枝垂れの一種。新梢は淡い黄緑の脈斑が独特である。樹勢はやや弱く、芯を立ててやらないと横にのみ広がる。紅葉は黄色。

＊脈斑　葉脈の色が変わったり、葉脈の幅が広くなったり、明瞭になったりする斑入り型

## 日の出錦 (にしき)
*A.amoenum* 「Hinode-nishiki」

　赤茶色のオオモミジの斑入り品種。似た品種は多いが、なかでも特にすばらしい品種。新梢は赤茶色で斑は見えないが、のちに赤茶色の斑が入り、5月下旬ごろに斑が淡い赤茶色、黄緑色、濃赤色などに変化する。夏には葉が緑に、斑が緑白に変化する。樹高は約4.0m。紅葉は赤から黄色になる。

### 藤波 錦
<small>ふじなみにしき</small>
*A. amoenum*「Fujinami-nishiki」

　新梢は赤く、赤紫色の葉に真っ赤な斑が入る。切り斑で非常に美しい品種である。切り斑特有であるが葉全面が斑の色になると枝枯れを起こしやすい。斑の入らない枝は放置すると強くなりすぎて、ほかの枝の斑の入り方に影響するので、1節残して切り取る。樹高は約3.0m。紅葉は赤くなるがあまり鮮明ではない。

### 松風
<small>まつかぜ</small>
*A. amoenum* var.*matsumurae* 'Matsukaze'

　新芽の萌芽時は赤く、展開すると紅褐色から黄緑色になるが、わずかに紅褐色が残る。夏は緑色。樹勢はやや弱い。樹高は約2.5m。紅葉は赤。江戸時代から知られている古い品種。

### 鳴鳳 錦
<small>めいほうにしき</small>
*A. amoenum* 'Meihou-nishiki'

　新梢は黄緑色で黄色の斑が入り、夏は緑色に白斑となる。鮮明な斑で美しい。丈夫な品種で栽培しやすい。『槭品便覧』に「鳴鳳」の名で記載がある。樹高は約3.0m。紅葉は紅色から黄色になる。

# その他のカエデとその園芸品種

### クスノハカエデ　*A.oblongum* ssp. *itoanum*

日本に自生するカエデの仲間で唯一の常緑種。葉がクスノキに似ていることからこの名がある。自生地が沖縄なので耐寒性はあまりないが、関東地方南部以南の地域では栽培できる。日陰に強く、鉢植えで観葉植物としてもおもしろい。種子が6月ごろに赤くなり、葉とのコントラストが美しい。樹高は約3.5m。

### コブカエデ　*A.campestre*

ヨーロッパ原産。幹や枝にコルク質の縦翼が生ずるため、この名がついた。斑入り品種も紹介されており、美しいものが見られるようになった。萌芽力が強く、刈り込みに耐えるので、生け垣としても利用できる。樹高は約4.0m。写真は園芸品種。

### 名栗錦 *A.pictum* ssp.*pictum*
（なぐりにしき）
(*mono* var.*ambiguum*) 'Naguri-nishiki'

　オニイタヤカエデの園芸品種。新芽の萌芽時は淡ピンク色で、展開後は白に緑の散り斑が入る。夏は緑の濃淡の葉になる。美しい品種。強光線下では葉焼けを起こすことがあるが、樹勢が弱いわけではない。繁殖は難しい。樹高は約2.5m。紅葉は黄色。

### 孔雀錦
（くじゃくにしき）
*A.japonicum* 'Kujaku-nishiki'

　ハウチワカエデの品種'舞孔雀'の斑入り品種。淡緑色の葉に白斑が入る。秋はハウチワカエデ特有の赤、橙、黄、緑が交ざった紅葉になり美しい。やや樹勢が弱く、斑が消えることがあり、繁殖も難しい。流通はまだ少ない。樹高は約2.5m。

### ネグンドカエデ'フラミンゴ'
*A.negundo* 'Flamingo'

　ネグンドカエデ（トネリコバノカエデ）の斑入り品種で、新梢は白斑を基調にピンク色が入り、一見フラミンゴの色に見える。夏は白斑になる。夏に軽く剪定すると、再萌芽して葉色の変化が楽しめる。樹高は5.0m程度。カミキリムシに注意する。ニュージーランドで作出された品種。

### 常磐錦 *A.pictum* ssp.*pictum*
（ときわにしき）
(*mono* var.*ambiguum*) 'Tokiwa-nishiki'

　オニイタヤカエデの園芸品種。新芽の萌芽時は淡ピンク色で、展開後は黄白色の斑が入る。夏は白斑になる。丈夫で斑がさめず、美しさが長く続く。もっと利用されてよい品種。樹高は約2.5m。紅葉は黄色になる。

### ノルウェーカエデ'クリムソン・キング'
*A.platanoides* 'Crimson King'

　ノルウェーカエデの紫葉品種で、新芽の萌芽時は明るい赤紫色で、展開すると光沢のある紅紫色になる。また、萌芽時の花はクリーム色で、葉色とのコントラストが美しい。樹高は約4.5〜5.0m。紫葉品種は多いが、本種は日本で最も多く植えられている品種でもある。カミキリムシに注意する。

### ノルウェーカエデ「プリンストン・ゴールド」
*A.platanoides* 'Prigo'「Princeton Gold」

　ノルウェーカエデの黄葉品種で、新芽の萌芽時から黄色で、初夏は黄金色になる。夏も葉焼けせず、日当たりがよいほうが葉色の発色がよい。樹高4.0〜5.0m。紫葉品種と組み合わせて植えると、互いに引き立て合い、効果的である。カミキリムシに注意する。

### ハナノキ　*A.pycnanthum*

　芽吹かないうちに深紅の花が咲き、美しいのでこの名がある。岐阜、長野、愛知、滋賀に分布しているが絶滅危惧種に指定されている珍しい種である。雌雄異株で、北アメリカ東部にもう1種があるだけの古い系統の種類。紅葉が黄色から真っ赤になる。樹高は約4.0〜5.0m。

芽出し2　芽出し1

### 花散里 (はなちるさと)
*A.buergerianum* 'Hanachirusato'

　トウカエデの斑入り品種で、萌芽時がピンク色、展開すると白から黄色、黄緑色と変化し、最後は緑色となる。散り斑品種であるが、白から黄色のときはまるで花が咲いたように見える。半日陰では色が冴えてより美しい。刈り込みに耐えるので生け垣にしてもよい。樹高は約4.0～5.0m。紅葉は紅色または黄色になる。昭和35年に茨城県で作出された。

春

### メグスリノキ
*A.nikoense(A.maximowiczianum)*

　この仲間は日本、中国、韓国に数種が分布し、3枚の小葉が3つに分かれた3出複葉。若枝、葉、大型の果実に灰白色の粗毛があることが長者の風ぼうを思わせるため、チョウジャノキの別名がある。えんじ赤から赤へと変わる紅葉がすばらしく、東京都内など暖地でも紅葉する。果実はこの仲間では一番大きい。カミキリムシに注意する。樹皮を煎じて洗眼に用いたことからこの名がついた。本来は高木だが、庭ではあまり大きくならず4.0～5.0m程度。

紅葉

### 蓑八房 (みのやつぶさ)
*A. buergerianum*
「Mino-yatsubusa」

　トウカエデの品種で、葉の3裂片が長く伸びる葉形に特徴がある。木は基本種のように高木にはならず、せいぜい2.0m程度である。紅葉は赤から黄色になる。

春

### 雌瓜の大斑 (めうりのおおふ)
*A. crataegifolium*
'Meuri-no-ohfu'

　ウリカエデの斑入り品種。新芽の展開時は淡い黄色と茶色が交ざっている。のちに白い斑になるが、斑の部分が大きく目立つ品種である。夏には斑がクリーム色からピンク色に変わる。樹高3.0m。紅葉は黄色に赤い斑が入る。

春

# カエデの仲間のミニ庭園をつくりましょう

カエデの仲間を使ったミニ庭園を2種類、ご紹介します。カエデ類を組み合わせた庭と、カエデを主木(シンボルツリー)に使った庭です。カエデ類を組み合わせた庭は実際のつくり方をプロセス写真で紹介しています。

## 1 カエデだけを組み合わせた庭

カエデを組み合わせ、下草として宿根草などを植えつける例です。カエデは樹形、将来の大きさ、新梢から新緑にかけての色彩などを考えて、品種を選びます。日照条件を考慮することを忘れないでください。日陰では葉色が早くさめたり、紅葉がきれいに発色しなかったりします。組み合わせが決まったら、図面を描きながら、カエデや通路などの配置を考えます。通路を考え、シンボルツリーを決め、その木を中心に組み合わせていくとうまく配置できます。図面上に葉色などを参考に色をつけるとわかりや

## 庭を広く見せる工夫

庭づくりの基本は、次のような手法でなるべく広く見せることです。

1 仕切る(背景に何もないと遠近感が出ないので、視線を遮るとよい)
2 塀は高くしすぎない(面積に比較して塀や生け垣、フェンスが高いと狭く感じる)
3 建物の近くに大きな木を植える(手前に視覚からはみ出す大きさの木があると遠近感が出る)など。

カエデの植栽もこれを参考にしましょう。障害物を隠し、美しく見せることも大切です。

38

すくなります。下草は、常緑のものを中心に花や実も楽しめるものを加えるとよいでしょう。

## ● カエデの庭づくり

住まいの裏側の幅2.5×奥行き9.5mの場所に、カエデを組み合わせた庭をつくることにしました。カラーリーフの代表品種である'猩々'を主木にし、イロハモミジの株立ちや'手向山'を添えに、紅葉の美しい'大盃'、常緑のクスノハカエデを加えました。さらに新梢の美しい'錦鶴'、'胡蝶の舞'、下草としても使える'切錦'、'茜'、'清姫'、'錦糸'、'置霜'を入れました。

[平面図]

- 錦鶴
- ガスボンベ
- ハウチワカエデ
- 胡蝶の舞
- 猩々
- 切錦
- クスノハカエデ
- エビネ
- 錦糸
- イロハモミジ

- 大盃
- 置霜
- イカリソウ
- フッキソウ
- '手向山'
- 清姫
- アオキ
- クリスマスローズ
- フウチソウ
- ギボウシ
- 茜

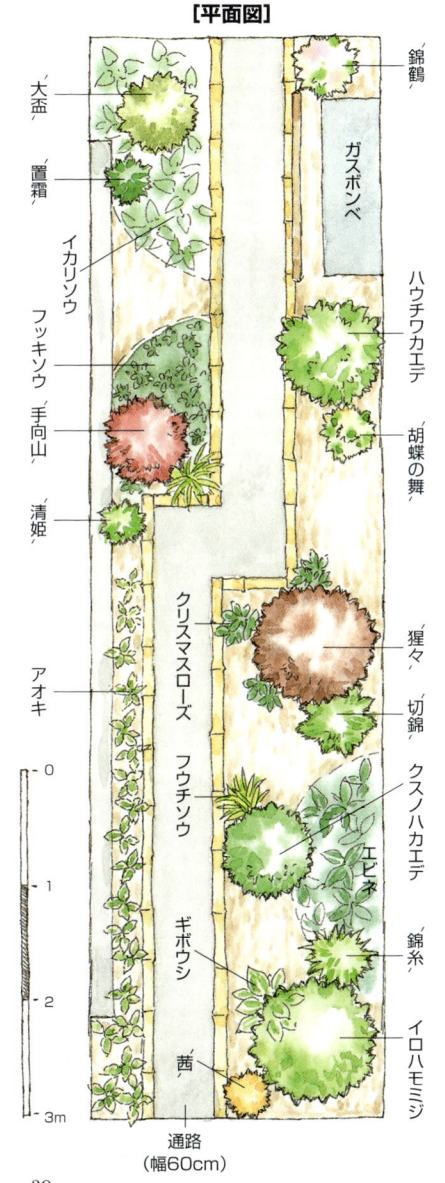

通路
(幅60cm)

## 庭づくりの手順

### 材料

❶通路の縁取り用モウソウチク　❷笠間砂（化粧砂に使えるもの）　❸下草（フウチソウ、クリスマスローズ、エビネ、アオキの苗木など）　❹カエデ（品種は完成写真、平面図参照）

### 用具

❶ジョレン　❷ショベル　❸木づち　❹剪定バサミ　❺ノコギリ
＊ほかに細めの竹杭、ひも、腐葉土を用意する

**1** 庭をつくる場所をジョレンで平らに整地し、ゴミなどを取り去る

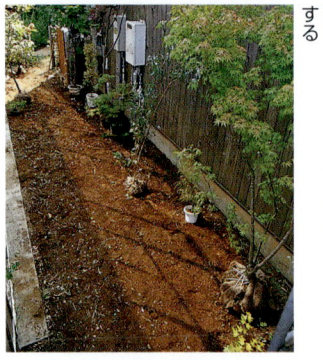

**2** 平面図どおり、用意したカエデを配置する

**3** 通路の両側にあたる位置に、杭を打ち、ひもを張る

**4** 図面に合わせて、まずカエデを植えつける（植えつけ方は43ページ参照）

**5** 通路の縁取り部分にモウソウチクを半分埋め込むように設置し、細めの竹杭で動かないように押さえる

**6** 通路の両側にモウソウチクを埋め込んだ

**7** 下草を配置する

**8** 下草を植えつける

**9** 通路に笠間砂を厚さ3〜5cmに敷き、平らに整える

**10** 庭が完成した
❶イロハモミジ　❷'錦糸'　❸クスノハカエデ　❹'切錦'　❺'猩々'　❻'胡蝶の舞'
❼ハウチワカエデ　❽'清姫'　❾'手向山'　❿'錦鶴'　⓫'置霜'　⓬'大盃'

## カエデを庭に植える 適期＝10月下旬～12月（つぎ木5～6年生の苗木は1～3月も可能）

鉢植えの場合は常時植えつけ可能、常緑のクスノハカエデは3月下旬～9月中旬。

常緑のクスノハカエデの植えつけ手順です。カエデに限らず、すべての樹木に応用できます。

**1** 根鉢より一回り大きな植え穴を掘り、穴の底に腐葉土を二つかみほど入れる。掘り上げた土にも腐葉土を3割ほど混ぜ込む

**2** 穴の底土に腐葉土を混ぜ込む

**3** 根巻きのまま植え穴に据え、掘り上げた土を根鉢のまわりに入れる

**4** 根元にぐるりと土を盛り上げて水鉢（円い土手）をつくる

**5** 水鉢の中に水がたまるまで、たっぷり水を注ぐ

**6** 水鉢から水が引いたら、水鉢の土をかぶせて平らにし、軽く根元を踏みつけて土を押さえておく

## 2 カエデを主木にした洋風の庭

カエデを組み合わせた庭と同じ敷地を想定し、カエデを主木にした洋風の庭を考えてみました。通路はレンガまたは枕木を使用します。主木は葉色の美しいトウカエデ'花散里'、ネグンドカエデ'フラミンゴ'を使い、さらに紅葉を楽しむために'大盃'を加えました。添えとして、

カラーリーフのイギリスナラ'コンコルディア'、イレックス'サニー・フォスター'、斑入りケヤキを使い、落ち着きのある趣をプラスするためにサカキ、ミカン、アセビを加えました。下草として、アカヤシオ、カルミア、ヴィブルム・ダヴィディーなどを使い、宿根草でやわらかさを演出しています。

[平面図]

（植栽ラベル：イレックス'サニー・フォスター'、タイム、カルミア、斑入りケヤキ、ギボウシ、フッキソウ、イギリスナラ'コンコルディア'、大盃、フッキソウ、クリスマスローズ、ガスボンベ、サカキ、フッキソウ、ヤツデ、トウカエデ'花散里'、アカヤシオ、ヴィブルヌム・ダヴィディー、ギボウシ、ミカン、アオキ、アセビ、ネグンドカエデ'フラミンゴ'、通路）

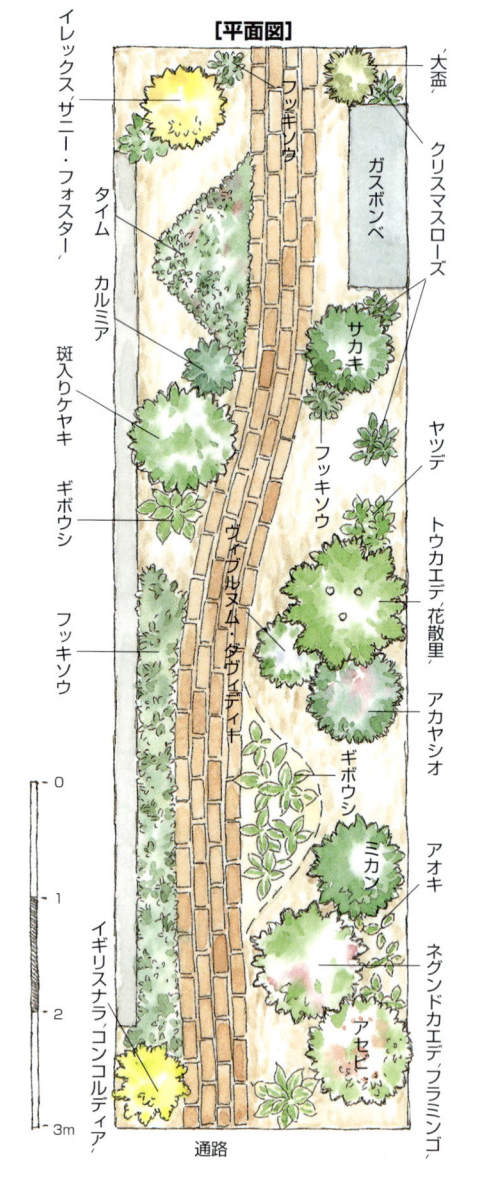

# 12か月の管理と作業

カエデ、モミジの管理と作業を月ごとにわかりやすく解説しました。
座右に置いて、毎月の管理の参考にしましょう。

'切錦'の若い実　JBP-M.Fukuda

# 栽培を始める前に

## 苗木の見分け方、選び方

最近は、苗木のほとんどがポリポットやプラスチック鉢に植えられています。これら鉢植えの苗木は鉢上げしたばかりのものではなく、1年ほど経過したものを選びます。ポリポットなら触ると根の張り具合がわかります。固めのものがよいです。また、鉢底の水抜き穴から根が見えるもののほうがよいでしょう。

晩秋の園芸店の店先。紅葉の色などを確かめることができる

樹高の高いものは根巻きした苗木が多くなります。この場合は根巻きが固くしっかりしたもの、根鉢部分が適当な大きさのもので、11月から12月に掘り上げたものを選びます。しかし、見た目では掘り上げ時期はわかりません。信頼のおける専門店で購入するとよいでしょう。1月から3月に掘り上げたものはダメージが大きく、8年から10年でほとんどが枯れてしまいます。また、葉に斑が入ったものは、斑の入り具合を確認してください。品種によっては斑が消えてしまうものがあります。

## ●植えつけ場所

水はけがよく、日当たりのよい場所を選びま

春の園芸店の店先。春紅葉の美しい種類は4月ごろに実際の葉色を見て選ぶとよい

## ● 鉢栽培

す。日当たりが悪いほど、紅葉の色が悪くなります。日当たりが悪ければ悪いほど、赤く紅葉する種類は日当たりが悪いほど、赤からだんだん黄色くなります。

**用土** 鉢植え用土は赤玉土小粒7、腐葉土3の割合で配合したもの、または赤玉土小粒5、桐生砂2、腐葉土3の配合土がよいでしょう。桐生砂を配合した用土は、水はけよく、劣化しにくいため、3年に1回ぐらい植え替える場合に適します。なお、市販の園芸用土は水はけが悪くなる傾向のものが多いので、赤玉土を3割程度混ぜて使うとよいでしょう。

**鉢** 苗木の大きさに合わせた駄温鉢がおすすめです。寄せ植えなどは、飾る場所や日照条件などで好みの材質、デザインのものを選びます。

**肥料** 特に花を観賞する樹種ではないので、油かすなどのチッ素肥料で十分です。庭植えで、あまり大きくしたくない場合は施さなくてもかまいません。

鉢植え用土の一例。赤玉土小粒5、桐生砂2、腐葉土または完熟堆肥3

肥料 ①鉢植えは発酵油かすの固形肥料がよい ②油かす

鉢は駄温鉢がよい

（関東地方以西基準）

| | 5 | 6 | 7 | 8 | 9 | 10 | 11 | 12 |
|---|---|---|---|---|---|---|---|---|
| | | | | | | | 紅葉 | 休眠 |
| | | | 生育 | | | | | |
| | | 追肥 | | | | | | 寒肥 |
| | | | | | | 最適期 | | |
| | | | 緑枝つぎ | | 芽つぎ | | 剪定 | |
| | | 緑枝ざし | | | | | | |
| | | | とり木 | | | | | |
| | | 剪定（枝抜き） | | | タネまき | | | |
| | 日当たり | | | | | | 管理しやすい場所 | |
| | | | 浅い鉢、葉の薄い品種は遮光 | | | | | |
| | | | 浅い鉢、葉の薄い品種は水切れに注意 | | | | | |
| | | 追肥 | | | | | | 寒肥 |
| | | | | | | 最適期 | | |
| | | 剪定（枝抜き） | | | | | 剪定 | |
| | | カミキリムシの捕殺 | | | | | 越冬害虫の防除 | |
| | | 害虫の駆除 | | | | | | |

48

## カエデ、モミジの年間の管理・作業暦

| 月 | | | 1 | 2 | 3 | 4 |
|---|---|---|---|---|---|---|
| 株の状態 | | | | 休眠<br>（1月から木の内部、根は活動） | | 芽出し(春紅葉) |
| 庭植え | | 肥料 | 寒肥 | | | |
| | | 植えつけ、植え替え | 苗木（つぎ木5～6年生まで）は可 | | | 常緑種の最適期<br>（9月中旬まで可） |
| | | 主な作業 | | | 切りつぎ、呼びつぎ<br>休眠枝ざし、タネまき | 呼びつぎ<br><br>常緑種の剪定　芽摘み |
| 鉢植え | | 置き場 | 管理しやすい場所 | | | |
| | | 水やり | 鉢土の表面が乾いたら十分に | | | |
| | | 肥料 | 寒肥 | | | |
| | | 植えつけ、植え替えほか | 苗木（つぎ木5～6年生まで）は可 | | 常緑種の最適期<br>（9月中旬まで可） | 芽摘み |
| 庭・鉢植え共通 | | 病気と害虫の防除 | | 越冬害虫の防除 | | うどんこ病防除 |

# 1月

## 1月のカエデ、モミジ

近年は暖冬傾向ですが、1年で一番寒い時期です。休眠期のまっただ中ですが、カエデの仲間は木の内部で活動が始まっています。枝を切ると見るまに切り口から樹液が噴き出します。多くの落葉樹は休眠期に剪定や移植ができますが、カエデの仲間は1月に入ると剪定したり移植したりできないので、注意しなければなりません。

● **主な作業**

**穂木の貯蔵** つぎ木や休眠枝をさし木する場合は、下旬に穂木を切り取り、貯蔵しておきます。戸外に貯蔵する場合は、乾燥させないようにします。適当な本数を束ねて、乾燥させないようにします。戸外に貯蔵する場合は、温度変化の小さい場所にその束を埋めておきます。冷蔵庫に貯蔵する場合は切り口の部分をぬらした新聞紙や水ゴケなどで包み、ビニール袋に入れ、軽く、袋の口を結び留めて、野菜室に入れておきます（つぎ木は62ページ、さし木は60ページ参照）。

**植えつけ** つぎ木5〜6年生までの市販のポット苗などの苗木は植えつけができます（植えつけ方は43ページ参照）。

落葉樹は休眠期に剪定するものと思い込んでいる人が少なくありません。たしかに多くの落葉樹は休眠期に剪定できます。しかし、カエデの仲間は、落葉樹でも、この時期の剪定はできません。うっかり剪定してしまうことのないように気をつけましょう。

50

1月

枝の色が美しい品種を選ぶと冬の楽しみが広がる。右は枝や幹の色が橙色になる「美峰」、左奥は赤くなる'珊瑚閣'

● **主な管理**

**置き場（鉢植え）** 寒さには強いので戸外に置いてまったく問題ありません。特別寒さが厳しい地域では鉢土が凍結しないように鉢を土中に埋めたり、軒下や大きな木の下などに置くとよいでしょう。また、落葉しているので、日陰など、管理のしやすい場所に置いてもかまいません。

**水やり** 鉢植えは落葉期でも寒くても水やりを忘れてはいけません。置き場や鉢に植え込んでいる年数によって乾き具合が異なるので、何日に1回と決めるのではなく、よく観察して、鉢土の表面が乾いていたら十分に水を与えます。なお、水やりは少量をたびたび与えるのではなく、与えるときには鉢底から流れ出るくらいたっぷりと与えるようにしましょう。

庭植えは水やりの必要はありませ

**肥料** 寒肥として油かすなどの有機質肥料を十分施します。カエデは花を観賞する種類ではないので、チッ素肥料でかまいません。寒肥なので、多めに施しても大丈夫ですが、過剰に施すのはよくありません。なお、施した肥料は土壌中で徐々に分解され、春に効果が表れます。鉢植えは親指の先ぐらいの大きさの発酵油かすの固形肥料を5号鉢で3～5個程度、置き肥します。

庭植えは枝の先端部の下に数か所穴を掘り、油かすなどを投入します。芝生、下草などで穴が掘れない場合は、上からばらまけばよいでしょう。

**病害虫の防除** 越冬しているカイガラムシは古歯ブラシなどでこすり落とし、アブラムシには薬剤を散布します。ヒロヘリアオイラガのまゆやマイマイガの卵の塊があれば、取ってつぶしておきます。この2種は人間に害を及ぼします。刺されると痛みやかゆみが生じます。

### 穂木の貯蔵　適期＝1月下旬～2月上旬

さし木、つぎ木用の穂木は、この時期に採取し、土中にさして貯蔵しておきます。

採取する枝は前年枝の充実した部分がよく、長さ30cmほどに切り、土中に10cmぐらいさす

## 1月 寒肥を施す　適期＝12月中旬〜2月上旬

寒肥は休眠期に施す有機質肥料で、春の芽出しのころに肥効が表れます。

### ●庭植え
（幹の直径7cm、樹高2mぐらいの'猩々'）

**1** 樹冠の外側のラインに沿って深さ20cmほどの穴を掘る

**2** 2か所に穴を掘った

**3** 油かすと骨粉の等量配合肥料を両手に山盛り1杯を2つ（穴の数）に分けて、穴に投入し、土をかぶせる

### 寒肥用の肥料
油かすと骨粉の等量配合肥料、または発酵油かすの固形肥料

油かすと骨粉の等量配合肥料

発酵油かすの固形肥料

### ●鉢植え
発酵油かすの固形肥料を鉢土の表面に置く

＊5号鉢で3〜5個、10号鉢で10個、12号鉢で12個ぐらいが目安

# 2月

立春を迎え、光は春を感じさせますが、寒さはしばらく続きます。カエデの仲間は休眠しているように見えますが、木の内部では活発に活動しており、春の芽出しに向け、準備を整えています。そのため、この時期には剪定や移植など、一切の作業は行えません。

真っ赤な枝が美しい'珊瑚閣'とマーガレットなどの草花の寄せ植え

## 2月のカエデ、モミジ

1年で最も寒い月ですが、後半になると日中はかなり暖かい日もあります。先月に引き続き、剪定や移植はできません。

### ● 主な作業

**穂木の貯蔵** つぎ木や休眠枝をさし木する場合は、今月上旬までに穂木を切り取り、貯蔵しておきます（52ページ参照）。

**雪下ろし** 雪の少ない地方でも、今月は雪が積もることが少なくありません。カエデ類はカミキリムシの食害が多く、外見ではわからなくて

**2月**

**植えつけ** つぎ木5〜6年生までの市販のポット苗などの苗木は植えつけができます（43ページ参照）。

### ● 主な管理

**置き場（鉢植え）** 寒さには強いので戸外に置いてまったく問題ありません。特別寒さが厳しい地域では鉢土が凍結しないように鉢を土中に埋めたり、軒下や大きな木の下などに置くとよいでしょう。また、落葉しているので、日陰に置いてもかまいません。

**水やり** 落葉樹の落葉期は水やりを忘れがちなので注意します。落葉期でも寒くても鉢植えは水やりを忘れてはいけません。置き場や鉢に植え込んでいる年数によって乾き具合が異なるので、何日に1回と決めるのではなく、よく観察して、鉢土の表面が乾いていたら十分に水を与えます。なお、雪の少ない地方で、水やり前に雪が積もり、そのまま雪が凍ってしまうと、水やりをしない場合、鉢土が乾燥して枯れてしまうことがあるので注意します。

**肥料** 寒肥を施すのは、上旬までで、済ませていない場合は早めに施します（施し方は53ページ参照）。中旬以降は施しません。

**病害虫の防除** 今月も先月同様に防除できます。越冬中のカイガラムシは古歯ブラシなどでこすり落とし、アブラムシには薬剤を散布します。薬剤散布はどうしてもかけ残しがありますので、冬の間に2回は行います。

枝や幹の内部が食害されて空洞になっていることもあります。被害を受けている株に雪が積もり、解けだすと重くなって食害部分から折れることがあります。雪が降り、多く積もったときは雪下ろしをしておくと安全です。

# モミジとカエデの違い

モミジとカエデは、すべてカエデ科カエデ属の植物です。違いは名前のつけ方。紅葉から名づけた「モミジ」と葉形から名づけた「蝦手(加比留提の木)=カエデ」。蝦手は切れ込んだ葉の形をカエルの手に見立てたもの。「かえるて」が「カエデ」になったわけです。

『万葉集』には「黄葉(もみぢ)」として登場し、当時はまだ「紅葉(もみじ)」の文字は使われていません。しかし、「もみぢ」は「揉み出す」が語源という説があります。これは紅花染めで紅の花弁から紅の色を揉み出すところに由来するといわれ、黄、紅ともに「もみぢ」といえます。初期にはカエデに限らず、紅葉、黄葉するものすべてが「もみじ」でしたが、いつのまにか、カエデ類(特にイロハモミジ)が「モミジ」の代表になったのです。

『万葉集』には、黄葉(もみぢ)のほかに、「蝦手」、「加敝流手」として、カエデが登場します。

江戸時代に来日(1775〜1776)したスウェーデンの植物学者、ツンベリーは『日本植物誌』で6種のカエデ(イロハモミジ、イタヤカエデ、チドリメンカエデ、ハウチワカエデ、ハリギリ、カクレミノ)を世界にカエデと紹介しました。このなかで、ハリギリ、カクレミノはカエデではありません。切れ込んだ葉の形をカエデと見誤ったのです。

なお、盆栽界では、葉の切れ込みの深いものをモミジ、浅いものをカエデと呼んでいます。

ところで、現在は「楓」の文字をカエデにあてていますが、正確には「槭」です。中国から伝来し、平安時代に取り違えられ、現在まで続いています。ちなみに「楓」はフウで、マンサク科フウ属の植物です。ただし、中国ではトウカエデを「三角楓」と表記します。葉がフウに似ているためと思われます。

ツンベリーがカエデの仲間としたハリギリ

カクレミノ

タイワンフウ(右) とモミジバフウ(左)

イロハモミジの葉

トウカエデ

参考文献　『モミジとカエデ』(誠文堂新光社刊)

# 3月

春が近づいています。彼岸を過ぎると、カエデは本格的な生育期に入ります。冬の間、日陰に置いた鉢は日当たりのよい場所へ移しましょう。暖かな日ざしを浴びて芽がふくらみ始めます。

まもなく萌芽が始まる。ハウチワカエデ（別名メイゲツカエデ）の展開し始めた葉と花

## 3月のカエデ、モミジ

上旬はまだまだ寒い日が続きますが、彼岸を過ぎると本格的な春といってもよいほど、暖かい日があり、季節は確実に春へと移り変わります。カエデ類は年明けとともに木の内部や根が活動を開始していますが、表面上も生育期に入り、堅かった冬芽も次第にふくらみ始めます。

● 主な作業

**タネまき**　貯蔵しておいたタネを取り出し、まく時期です。貯蔵が完全なら間違いなく発芽します。61ページの要領でタネをまきましょう。

58

この時期にタネをまけば、早いものは今年の春に、遅いものは翌年の春に発芽します。

**つぎ木** 切りつぎ、呼びつぎができます。切りつぎは大量にふやす生産者が行う繁殖法ですが、1～2本ふやすには呼びつぎが効果的で、ほぼ確実にふやすことができます（65ページ参照）。

**さし木** 休眠枝（前年枝）ざしができます。これも貯蔵（52ページ参照）しておいた枝を使うと成功の確率が高くなります（60ページ参照）。

**植えつけ、植え替え** 落葉種のカエデ類はつぎ木後5～6年生までの苗木の場合のみ、植えつけ、植え替えができるので、芽が出る前に作業します。常緑種のクスノハカエデは今月下旬から4月上旬が植えつけの最適期です（43ページ参照）。

**剪定** 常緑種のクスノハカエデの剪定が行えます。剪定の方法は73～75ページ参照。

## ●主な管理

**置き場（鉢植え）** 中旬までは日陰でもよいですが、下旬ぐらいからなるべく日当たりに出します。地中に埋めておいた鉢は、掘り出し、日当たりで管理します。

**水やり** 鉢植えは萌芽前なので、あまり神経質にならないで、先月と同様に行います。置き場や鉢に植え込んでいる年数によって乾き具合が異なるので、何日に1回と決めるのではなく、よく観察して、鉢土の表面が乾いていたら十分に水を与えます。なお、水やりは少量をたびたび与えるのではなく、与えるときには鉢底から流れ出るくらいたっぷりと与えます。

庭植えの場合は必要ありません。

**肥料** 寒肥を施さなかった場合のみ、有機質肥料を少量施します。鉢植えは、5号鉢で油かすを5g（8号鉢で10g）、庭植えの場合は苗木で

## さし木（休眠枝ざし） 適期＝3月

芽出し前の葉のない枝をさす休眠枝ざしです。カエデの園芸品種は発根しにくい種類が多いので、イロハモミジなどの野生種をさしましょう。

**用意するもの**

赤玉土小粒を入れた駄温鉢（4～5号の平鉢）、穂木
＊穂木は貯蔵しておいたものがあれば、それを使う
＊用土はあらかじめ湿らせておく

**2** 鉢壁の内側沿い（空気の流通がよく発根しやすい）にさす

**1** 穂木を2節ほどつけて切りそろえる

### さし木後の管理
鉢土が凍らない場所に置き、乾かさないように管理する。芽が動きだしたら、明るい日陰で管理する。

**病害虫の防除** カイガラムシは古歯ブラシなどでこすり落とし、アブラムシには薬剤を散布します。10g、成木で100g程度を施します。イラガのまゆやマイマイガの卵の塊があれば、取ってつぶしておきます。

## タネまき　適期=3月、9月下旬〜11月

貯蔵しておいたトウカエデのタネをまきます。タネまきは9月下旬〜11月にも行えます（93ページ参照）。

**3** タネが隠れるぐらいに覆土する

**4** たっぷり水を与える

### タネまき後の管理
明るい日陰に置いて、乾かさないように管理する。発芽は翌春になることもあるので、庭の隅に埋めておくのもよい。

メグスリノキの芽生え。メグスリノキは双葉で芽生えるが、やがて3出複葉になる

### 用意するもの

用土（鹿沼土小粒7、赤玉土小粒3の配合土、鹿沼土単用、赤玉土単用あるいは市販のタネまき用土も利用できる）、タネ

＊用土はタネの量に合わせ、適当なサイズの駄温平鉢に入れ、あらかじめ湿らせておく

**1** プロペラのような羽は不要なので取り除く

**2** タネとタネの間が1〜2cmあくようにばらまきにする

## つぎ木●切りつぎ　適期=3月

カエデのつぎ木は、切りつぎ、呼びつぎ、芽つぎができます。早春に行うのは切りつぎ、呼びつぎの2種類です。

**1** 台木の根を長さ7～8cmほどに切りそろえる

**2** 根を切り取って整理した状態

**3** 台木は根元から10～15cmのところで水平に切り取る

### ●切りつぎ

切りつぎは、実生の台木（イロハモミジなどのタネをまいて1年養成したもの）に、好みの品種をつぎ木します。台木はあらかじめ掘り上げておきます。また、穂木は1～2月に切り取って貯蔵しておいたものを使います。つぎ木の活着のポイントは、つぐときに必ず、台木と穂木の形成層を合わせることです。

＊形成層　樹皮と木質部の間にある分裂組織。形成層で傷を治す癒合組織のカルスがつくられ、台木と穂木がつながる

### 用意するもの

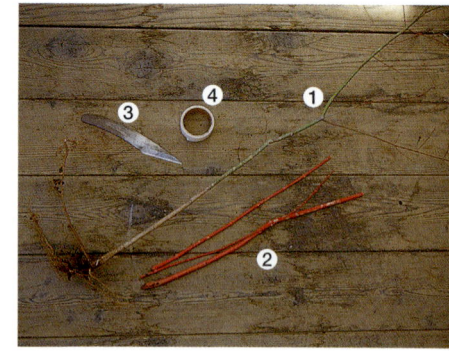

❶台木　❷穂木　❸切り出しナイフ
❹つぎ木テープ
※ほかにビニール袋が必要

**3月**

**7** 穂木の下端を、図の要領で斜めにカットする

**4** 穂木は2節つけて調整する（品種は'珊瑚閣'）

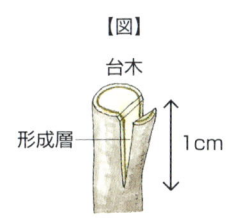

【図】

台木
形成層
1cm

穂木
形成層
1.3cm
内側　外側

**5** 台木の切り口を軽く斜めにカットする（図参照）

**6** さらに1mmほど内側を1cmほど垂直に切り下げる

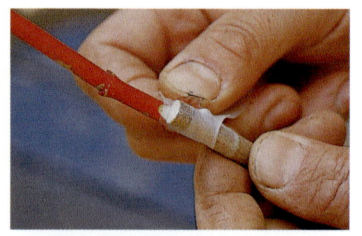

**9** つぎ木テープを巻いて固定する

**8** 台木の切れ込みの形成層に、穂木の形成層を合わせて差し込む

**10** つぎ木が終わった

【図】

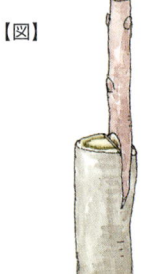

台木に穂木を差し込む

**11** 鉢に植えつけて、穂木が乾かないように穂木の部分にビニール袋をかぶせる

### つぎ木後の管理
活着する（芽が出る）まで30日ぐらいかかるので、鉢土の表面が乾いたら水を与えて管理する。芽が出て、2〜3cmぐらいに伸びたら、袋に小さな穴をあけ、その穴を少しずつ広げて徐々に外気に慣らしながら、20〜30日ぐらいかけて袋を外す。

## つぎ木●呼びつぎ　適期＝3〜5月

**3月**

**4** 台木は枝を1節分残して、上の部分を切り取る

**2** 台木のそぎ取った部分に穂木のそぎ取った部分を合わせる（形成層どうしを合わせる）

**5** 呼びつぎが終わった

**3** 合わせ目をつぎ木テープで固定する

### ●呼びつぎ
台木も穂木も鉢植えのまま、つぎ木をします。

### 用意するもの

台木（右）、穂木（左）、切り出しナイフ、つぎ木テープ

**1** 台木、穂木とも、幅3mm、長さ1cmほど、木質部にわずかにかかる程度に樹皮をそぎ取る

### つぎ木後の管理
合わせ目にカルス*が盛り上がり、完全に癒合するまで、通常の管理を行う。3月に作業を行うと、11月ごろには活着するので、つぎ目で、穂木を切り離す（105ページ参照）。
＊カルス　植物の切り口に細胞分裂してできる癒合組織。こぶ状の細胞の塊

# 4月

春本番。カエデの仲間は本格的な生育スタートの時期を迎えました。萌芽から新葉の展開という楽しみな季節です。品種によっては最も美しい時期でもあります。十分楽しみましょう。

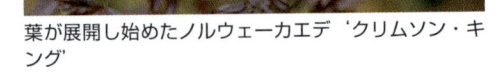

葉が展開し始めたノルウェーカエデ'クリムソン・キング'

## 4月のカエデ、モミジ

カエデの仲間は今月に入るとまもなく新梢を伸ばし始めます。カエデといえば、秋の紅葉にばかり目を奪われがちですが、じつは新梢は紅葉に勝るとも劣らぬ美しさです。「春紅葉(はるもみじ)」といい、品種によって異なりますが、緑はもちろん、紅、ピンク、黄、橙、白、茶、黄緑色など、新芽の色は本当に美しいものです。また、新梢と同時に花が咲きます。小さく目立ちませんが、よく見るとかわいらしいものです。萌芽よりも花が先に咲くハナノキは有

名です。また、カジカエデの深い緑のなかに咲く真っ赤な花もよく目立ちます。花のあとにつく実も美しく、魅力の一つです。

● 主な作業

芽摘み　新梢が伸びてきたら、樹形を整えるための芽摘みができます。特に鉢植えは、ぜひ行いたい作業の一つです。柔らかいので、指先で簡単に摘み取ることができます。こうすると跡が残らず目立ちません。摘んだあとは再萌芽し、枝分かれします。どんなふうに伸びるか考えながら好みの樹形になるようにちょうどよいところで摘みますが、芽が水平方向に伸びるように摘み取ります（68ページ参照）。

呼びつぎ　今月もつぎ木の呼びつぎができます（65ページ参照）。

植えつけ、植え替え　常緑種のクスノハカエデは今月上旬までが適期です。

剪定　常緑種のクスノハカエデの剪定が行えます。剪定の方法は73〜75ページ参照。

● 主な管理

置き場（鉢植え）　日当たりに置きます。斑入り品種やカラーリーフの品種によっては、半日陰のほうが葉焼けしないものもあります。

水やり　新葉の展開とともに根もよく伸び出し、水をよく吸うようになります。鉢植えは、鉢土の表面が乾いたら十分に与えるようにします。庭植えは、水やりはまったく必要ありませんが、前年の秋や今春植えつけた場合は気になるようでしたら1週間に1回と決めて十分に与えます。毎日水を与えてはいけません。

肥料　まったく施しません。

病害虫の防除　気温が高くなり、新芽が伸び出してくるとアブラムシが発生します。発生したら、殺虫剤を散布します。薬液は葉裏にかかる

### 芽摘み　適期＝4月中旬～5月中旬

カエデの仲間は、葉が対生（一つの節に葉が茎を挟んで互いに反対方向につく）です。節ごとに葉の向きが変わります。葉の出ている方向を見極め、葉が地面に対して水平方向に伸びている節の上で摘み取ることがポイントです。

上下に出ている
水平に出ている

カエデの葉は対生。茎の左右から葉が出ている

**3** 摘み取った節から分枝して、2本の枝が伸びている

**1** 地面に対して水平に出ている節の上で摘み取る

**2** 摘み取った直後

ように散布しないとあまり効果がありません。葉裏にかかるようにていねいに散布します。マイマイガの幼虫も見かけます。数が少なければ捕殺し、多ければ薬剤を散布します。うどんこ病も発生します。4月から5月にかけて3回ほど薬剤を散布するとよいでしょう。

# 赤くなるカエデ、黄色くなるカエデ

カエデには、紅葉が赤くなるものと黄色くなるものがあります。ただし、気候や土壌などの条件により、一つの品種で、赤にも黄色にもなるものがあります。

● 美しい紅葉の条件

紅葉の条件は次の3点です。
1 日光によく当たること
2 土壌に肥料分が少ないこと
3 昼夜の温度差があること

日光に当たることが条件ですから、植栽場所により、希望の色にならないこともあるわけです。どうしても紅葉が見たい、そんな場合は次の品種を選びましょう。以下の品種はどんな場所に植えても絶対に赤にしかなりません。

'大盃'、'滝野川'、'猩々'、'紅鏡' など

黄色にしかならない品種もあります。

'珊瑚閣'、'鬱金'、'彗星' など

多くは日光の当たり具合で変わるので、日当たりのよい場所を選んで植えつけます。なお、品種の間違いがないように、信頼できる園芸店で苗木を購入しましょう。

**A** 赤にしかならない '大盃'

JBP-Y.Hiruta

**B** 赤や黄色が交じり合う '竜田川'

JBP-Y.Hiruta

**C** 黄色にしかならない '珊瑚閣'

M.Usuda

# 5月

新緑の季節です。カエデが一番勢いのある季節です。先月に引き続き、新梢の色は美しく、葉色が変化する時期でもあります。中旬までは作業もないので、たっぷり楽しみましょう。

枝垂れ性の「流泉」を高つぎしたスタンダード仕立ての1鉢。新緑がまぶしい

## 5月のカエデ、モミジ

新梢は伸び続けていますが、一部、伸びが止まる品種も出てきます。新根もよく伸び、盛んに吸水します。先月に引き続き、新梢の美しさは楽しめますが、'出猩々' '千染' '桂' など、早くも色あせる品種も見られ、新緑の季節に移り変わってきます。

● 主な作業

**枝抜き剪定** 中旬以降は剪定の時期です。枝が込みすぎて樹冠内部が暗くなると、内部が枯れる原因になるので、枝抜き剪定をしましょう。

先端部の伸びすぎた枝も切っておきます（74〜75ページ参照）。生育期ですから、剪定後もよく再萌芽します。

**枝垂れ性品種は芯を立てる** 枝垂れ性品種は、芯を立てて立ち上がらせ、樹高を高くし、樹形づくりを行います。一番上の枝を折れないように支柱に誘引します（73ページ参照）。

**呼びつぎ** つぎ木の一種、呼びつぎの適期です。65ページの要領で、作業を進めましょう。

**さし木** 緑枝ざしの適期です。76ページの要領でさし木しましょう。

**芽摘み** 先月に引き続き、芽摘みができます。特に鉢植えは忘れずに行いましょう。芽摘みは樹形を整えるために行うのですが、'出猩々'、'千染'など色あせたものに対して行うと、再萌芽して、新梢の色を楽しめます。摘んだ節から再萌芽し、枝分かれします。どんなふうに伸びるか考えながら好みの樹形になるようにちょうどよいところで摘みますが、芽が水平方向に伸びる節で摘み取ります（68ページ参照）。

## ●主な管理

**置き場（鉢植え）** 先月同様、なるべく日当たりのよいところに置きます。一部の紫葉の品種は日陰に置くと早く色がさめ、緑色に変わります。

**水やり** 鉢植えは鉢土の表面が乾いたら鉢底から水が流れ出すくらいたっぷりと与えます。庭植えの場合は必要ありませんが、気になる場合は、植えつけ1年以内のもののみ1週間に1回、たっぷり与えます。

**肥料** 今月の前半は必要ありませんが、新梢が固まる中旬以降に油かすなど、チッ素肥料を施します。鉢植えの場合は5号鉢で5gを目安にします。発酵油かすの固形肥料の場合は3個程度、鉢の縁に置き肥します。庭植えの場合、寒

肥を十分施してある場合は必要ありませんが、少なめの場合は苗木で油かすを10〜30g、成木で50〜100gほど施します。

## 病害虫の防除

先月同様、うどんこ病が発生しますので、薬剤を散布します。多くは黒い体に白い斑点があるゴマダラカミキリです。今月下旬からカミキリムシが発生します。成虫は飛んできて枝をかじり、根元に産卵します。夜行性なので、見えないようでも来ている可能性が高く、枝先にかじった跡があれば要注意です。幼虫は木の内部に入り、食害し、空洞にするので「テッポウムシ」とも呼ばれます。この虫には効果のある薬剤がないので、日ごろからよく注意し、成虫を見つけたらすぐに捕殺します。根元にのこぎりくずのような虫ふんが出ていたら、虫ふんを取り除き、穴から針金などを差し込んで、幼虫を刺し殺すとよいでしょう。ただし、深く入り込んだ幼虫はこの方法では駆除できません。また、木の上部に産卵することもありますが、これは防止できません。なお、根元の風通しが悪く、雑草が生えていたり、根締めの下草があると虫を引き寄せるので注意してください。

ゴマダラカミキリの成虫

うどんこ病

## 剪定の基本

まず、剪定の知識と枝の切り方を覚えましょう。剪定の目的は、木の大きさを制限し、枝をすかして、日当たりや風通しをよくし、樹形を整えること。カエデの仲間に限らず、剪定には原則があります。正しい枝の切り方で、不要枝を切ることです。

### ●剪定する枝（不要枝）のいろいろ

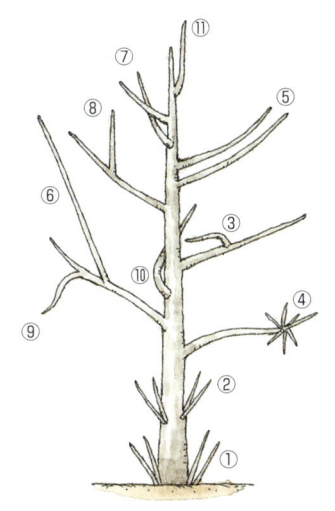

① **ひこばえ**　根元から出る枝
② **胴吹き**　幹から出る細かい枝
③ **ふところ枝**　木の内側に向かって伸びる枝
④ **車枝**　1か所からたくさん出る枝
⑤ **平行枝**　同じ方向に伸びる枝
⑥ **徒長枝**　今年枝で上に向かって強く伸びる枝
⑦ **交差枝**　ほかの枝と交差している枝
⑧ **立ち枝**　枝の一部から直立した枝
⑨ **下り枝（逆さ枝）**　下向きの枝
⑩ **絡み枝**　主な枝に絡みつくように伸びる枝
⑪ **競争枝**　主幹に対抗するように伸びる枝

## 枝垂れ性品種の芯を立てる

鉢植えの枝垂れ性品種。放置すると樹高が低い状態で枝が固まってしまう

**1** 枝が柔らかいうちに支柱を立てて枝垂れた枝を立ち上げる

**2** 立ち上げた枝が固まるまで支柱に固定しておく

## ●枝抜き剪定の手順

**太い枝から順次剪定する**

まず①、②をつけ根で切り、太い枝を抜く。次に込み合うところを順次抜いていくが、やわらかい感じに仕上げることを心がける。細い枝を残すようにするとよい

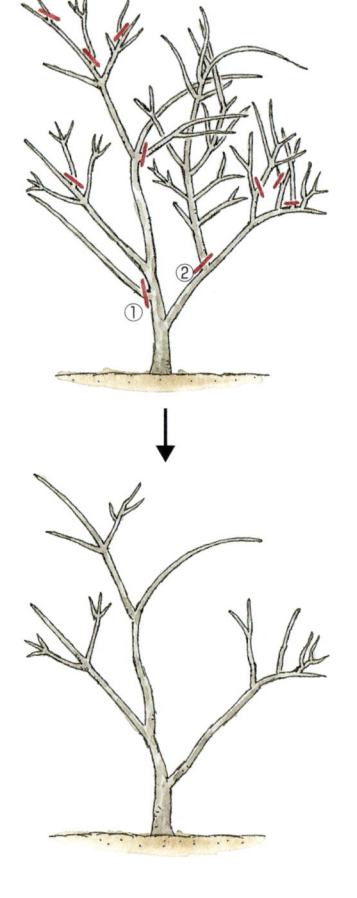

## ●枝の切り方

**節で切る**

節の上5〜8mmぐらいのところを水平に切る

**つけ根で切る**

＜よい例＞
つけ根ぎりぎりで切る

＜悪い例＞
一部残して切る。枯れ込んだり、こぶになったり、再び芽が出たりする

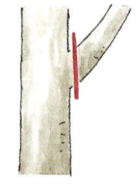

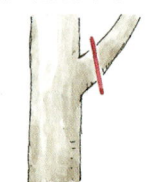

**ノコギリで切る**

①下から切る ②少し離れた上から切る
③枝が折れる ④もう一度切り直す

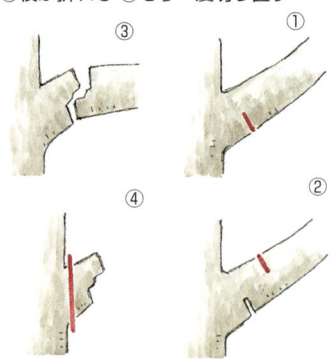

## 枝抜き剪定　適期＝5月中旬〜8月

植えつけ後、7〜8年ほど剪定していないイロハモミジを例に紹介します。込み合う枝を抜いて、やわらかい感じに仕上げます。

**5月**

**剪定前のイロハモミジ**

**1** 3.5mほどに伸びているので、まず、芯を止める

**2** 止めた芯を頂点に、樹形とバランスを考えながら、不要枝を切る

**3** 周囲の強く伸びた徒長枝を切る

**4** 全体を少し離れて眺め、バランスの悪い枝を外す

**5** 剪定が終わった

## さし木（緑枝ざし） 適期＝5月中旬〜6月

新梢が固まった緑枝をさし木します。カエデは草花類のさし木と異なり、発根までに時間がかかります。また、さし穂を乾かすと発根しないため、密閉ざしにします。深めのプラスチック鉢を使うと便利です。

＊さし木できるカエデは原種と原種に近い種類。また、クスノハカエデやネグンドカエデも簡単に発根するが、さし木できない種類も多い

**1** 今年伸びた枝を3節（長さ約10cm）つけて切り取る

**2** さし穂を調整する。下1節の葉を落とし、上2節は葉を半分ぐらいの大きさに切り取る。右が調整したさし穂

**3** 1時間ぐらい水あげする

### 用意するもの

❶用土（鹿沼土小粒）を5号のプラスチック鉢に深さ5〜6cmほど入れる　❷ビニール袋　❸ひも

**7** ビニール袋を切り開いてフィルム状にし、鉢にかぶせて、ひもで固定する

**4** さし穂をさすために割りばしなどで用土に穴をあける

**8** 直射日光の当たらない明るい日陰に置く

**5** 1節さして、枝と切り口に用土が密着するように用土を押さえる

### さし木後の管理
用土が乾いたら鉢底から水を吸わせるか、覆いを外してジョウロで水を与える。発根まで約半年かかるので、気長に管理する。鉢底から根が見えたら、1本ずつ鉢上げする。

**6** さし穂をすべてさしたら、たっぷり水を与える

# 6月

下旬からは梅雨に入ります。じめじめして、人間もこの季節は苦手なようにカエデの仲間にとってもあまりよい時期ではありません。カミキリムシなどが盛んに活動するため、樹勢の弱い木は被害を受けやすいので気をつけましょう。

新緑の季節、カエデの仲間を植えた庭はさわやかな風が吹き渡る

## 6月のカエデ、モミジ

梅雨に入ると、成長は一段落です。空中湿度が高く、葉からの水分の蒸散は少なくなってきます。地中の水分も多く、根は楽に吸水でき、吸水力は低下してきます。曇雨天が続いたあと、急に晴れると、葉からの水分の蒸散が激しくなり、根の吸水力の低下と相まって水分不足で葉がしおれやすくなります。気をつけましょう。

● **主な作業**

**枝抜き剪定** 剪定ができます。夏に込みすぎて樹冠内部が暗くなりすぎ、内部が枯れる原因に

なるので、枝抜きをするとよいでしょう。先端部の伸びすぎた枝も切っておきます（73〜75ページ参照）。

**さし木** 先月同様、緑枝ざしができます。76ページの要領でさしましょう。

**つぎ木** 緑枝つぎができます（82ページ参照）。

**とり木** とり木ができるので、1本欲しい、あるいは樹形のよい大きめの苗木が欲しい、そんな場合には、とり木に挑戦しましょう（80ページ参照）。

● **主な管理**

**置き場（鉢植え）** 先月同様、なるべく日当たりに置きます。ただし、日ざしが強くなっているので、中旬以降は、浅鉢植えのものや葉焼けしやすいものは、遮光資材で日陰をつくってやりましょう（87ページ参照）。

**水やり** 鉢植えは鉢土の表面が乾いてから与えるようにします。梅雨どきは意外に危険です。雨だと思って安心していると、雨量が少なかったり、葉に邪魔されて鉢土がぬれなかったりして、気がついたら葉がしおれていたということがあります。また、雨が上がると気温が高くなり、すぐに水切れを起こしてしまいます。雨の

### 葉をすべて落とせば移植が可能

カエデの仲間は生育期間中の5月下旬から8月の間は移植が可能です。ただし、転居などでやむをえず、移植しなくてはならない場合に限ります。自分で移植できる木は幹の直径が3〜4㎝、樹高2ｍ程度で、それ以上の大きさの木はプロに任せましょう。ポイントは掘り上げた直後に木全体に水を与え、葉をすべて摘み取り、すぐに植えつけて水を与えること。掘り上げて葉をつけたまま、しばらく放置すると活着しません。

## とり木  適期=6月

カエデの仲間のほとんどの種類がとり木でふやせます。気に入った品種をもう1本ふやしたい、そんな場合はぜひ、とり木でふやしましょう。

### 用意するもの

❶湿らせた水ゴケ　❷切り出しナイフ
❸ビニール袋を開いたフィルム
＊ほかに麻ひもを用意する

**1** とり木をする枝の樹皮にぐるりとナイフで切れ込みを入れる

あとほど要注意です。

庭植えは必要ありません。

**肥料**　鉢植えは少量施します。発酵油かすの固形肥料を5号鉢で3個を目安に置き肥するとよいでしょう。庭植えは寒肥を十分施してあれば必要ありませんが、少なめだった場合は少量施します。油かすを苗木で10〜30g、成木で50〜100gほど施すとよいでしょう。

**病害虫の防除**　先月同様、うどんこ病が発生します。発生したら薬剤を散布します。また、カミキリムシの活動期なので注意します。成虫は見つけしだい捕殺します。また、ヒロヘリアオイラガが発生する時期です。誤って触ってしまうととても痛いので、見つけたら割りばしなどではさんで捕殺します。

**5** 水ゴケをフィルムで包む

**2** 切れ込みの2cmほど上から樹皮をはぐ

**6** 上下を麻ひもで縛る

**3** ぐるりと樹皮をはいだ（環状剥皮）

**7** 作業が終わった

**4** 皮をはいだ部分に湿らせた水ゴケを巻く。水ゴケの厚みは3cmほど

### とり木後の管理

水ゴケが乾くと発根しないので、ときどき湿り具合を確認し、乾いていたら、霧吹きで湿らせる。約半年で発根するので、水ゴケの中に十分、根が回ってから鉢に植えつける。

## つぎ木（緑枝つぎ）　適期＝6〜7月

新梢が固まった今月から7月にかけて、つぎ木ができます。方法は休眠枝つぎとほぼ同じですが、穂木は固まった新梢の先端2節を使います。

### 用意するもの

❶台木　❷ビニール袋　❸切り出しナイフ　❹つぎ木テープ　❺ビニールタイなどのひも　❻穂木

**1** 台木は根元から8〜10cmのところで水平に切る。下枝があれば1本残す

**2** 穂木の1節目の葉を葉柄を残して切り取る

**3** 穂木の切り口を63ページの図の要領で切り、形成層を合わせて台木に差し込む

**4** つぎ木テープでつぎ木部をしっかり固定する

## 腹つぎもできます

緑枝つぎができる期間は、台木の幹の途中に穂木をさす「腹つぎ（胴つぎ）」もできます。台木を切り取らないので、失敗したら、つぎ直しができます。

**1** 台木の幹をそぐように1.5cmぐらい切れ込みを入れる

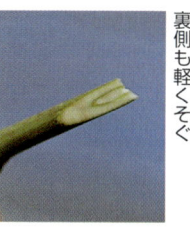

**2** 穂木の切り口を斜めにそいで、形成層を出す。裏側も軽くそぐ

**3** 葉は葉柄を残して切り取り、穂木を1節で切る

**4** 台木に、形成層を合わせて差し込む

**5** つぎ木テープで固定する

### つぎ木後の管理
木もれ日が当たるような場所で管理し、3月に芽が生きていたら台木を切り取り、穂木が折れないように5～6月につぎ木テープを巻き直す。

**5** 穂木にビニール袋をかぶせて作業終了

### つぎ木後の管理
活着し、新しい芽が伸び出すまで30日ぐらいかかるので、鉢土の表面が乾いたら水を与えて管理する。芽が出て、2～3cmぐらいに伸びたら、ビニール袋に小さな穴をあけ、その穴を少しずつ広げて徐々に外気に慣らしながら、20～30日ぐらいかけて袋を外す。

## 春紅葉（はるもみじ）

カラフルな春のカエデの葉を「春紅葉」と呼びます。紅葉に負けない美しさをご覧ください。

＊葉の切り抜き写真の品種は21〜37ページで紹介

'寿'

'藤波錦'

'錦糸'

'大明錦'

'獅子頭'

'龍紋錦'

'爪紅'

'茜'

84

**A** ハウチワカエデの園芸品種（オオイタヤメイゲツの園芸品種という説もある）'金隠れ'

**B** ウリハダカエデの園芸品種 '初雪楓'

**C** ヤマモミジの園芸品種 '手向山'

'鴫立沢'

'花纏'

'限り'

'燕換'

# 7月

夏本番、草花類は暑さで元気がなくなる時期です。カエデも生育はひと休み。新梢を楽しむ品種のカエデの葉色は緑に変わっています。大きなカエデは、庭に涼やかな緑陰を提供してくれます。

カエデはすがすがしい風が渡る緑陰も魅力。数本あると涼風が楽しめる

## 7月のカエデ、モミジ

梅雨明けとともに気温がぐっと上がります。カエデは多くの樹木同様、生育が止まり、一種の休眠に近い状態になります。

● 主な作業

**枝抜き剪定** 4月から伸びた枝葉が茂り、木の下はもちろん、下枝部分もかなり暗くなっています。樹冠内部の枝葉にも日光が必要です。また、込みすぎはカミキリムシを呼び寄せてしまいます。枝抜きを中心にした剪定を行うことにより、カミキリムシの被害を減らし、樹冠内部

の枝葉にも日光を当てましょう。葉に日光が当たれば秋の紅葉が美しくなります。

つぎ木　生育期の緑枝つぎです。今年伸びた枝をつぎ木します（82ページ参照）。

●主な管理

置き場（鉢植え）　梅雨明け後の強光線は葉焼けの原因になるので、葉焼けに弱い品種（新梢が斑入りや明るい色合いの品種）は寒冷紗で日よけをしましょう。ただし、あまり暗くすると、秋の紅葉が美しい色になりませんし、カミキリムシを呼ぶ原因にもなります。普通の品種は日当たりでもかまいませんが、浅鉢植え以外で葉焼けが目立つようならば、鉢の中にかなり根が回り、吸水できにくい状態になっていることが考えられます。夏は植え替えができないので、日陰へ移し、適期に植え替えましょう。

水やり　鉢植えは毎日水やりが欠かせません。浅鉢植えは朝夕2回与えることも必要ですが、一般のものは1回で大丈夫でしょう。なお、根が回って吸水しにくくなっている鉢は2回は与えましょう。夏の水やりは、朝または夕方に水を与えるといわれますが、葉が巻いているようなら日中でも必ず水を与えてください。夕方まで待つ必要はありません。

庭植えは、植えつけて1年以上のものは必要

## 葉焼けに弱い品種の日よけ

**7月**

寒冷紗などの遮光資材

台の上に鉢を置く

ありません。1年以内のものは1週間に1回、たっぷり与えるようにします。

**肥料** 施しません。

**病害虫の防除** この時期はカミキリムシに注意します。成虫は見つけしだい捕殺します。その ほかの害虫としてはヒロヘリアオイラガ、ミノムシなどがついていることがあります。捕殺するか、気になるようでしたら、殺虫剤を散布します。

カミキリムシの成虫に
かじられ、上部が枯死
したトウカエデ

カミキリムシが入ると
虫ふんが出ている

### 捕殺したい害虫

ヒロヘリアオイラガ

ミノムシ

## 新品種はこうしてつくる

カエデの新品種は、「実生」と「枝変わりの繁殖」の2つの方法で作出されます。

実生は、イロハモミジなど原種のカエデのタネをまき、そこから現れる変異のあるものを選び出す場合と、よい系統の親木のタネをまく、あるいは交配をする場合があります。

変異のある苗を選ぶ場合、数多くのタネをまかないと、変異が現れません。好景気の時代は植木生産者が数万から数十万粒ものタネをまいていたので、けっこう多くの変わった苗木が見つかりました。しかし、当時はイロハモミジなど一般的なものが売れたので、変わり者の苗木を大切に育てることはなく、ほとんど残っていません。現在は原種系も需要が少なく、数多くのタネをまくこともなくなりましたので、実生から新品種が生まれる確率は低くなっています。

枝変わりは、原種や既存品種に1枝、あるいは1節だけまれに現れる斑入りや黄葉、紫葉といった変わった枝を見つけて、つぎ木でふやし、斑や葉色を固定*します。

じつはこうした当たり前のことが、プロの間ではここ30年間、ほとんど行われてきませんでした。奈良県在住の矢野正善氏は植木生産者ではありませんが、カエデ収集と育種で知られています。2005年4月、社団法人日本植木協会の集まりで矢野氏にお会いする機会がありました。30年ほど前から収集を始め、実生を重ねてきたとのこと。1000品種ものコレクションを有しています。作出した新品種にはすばらしいものが多く、プロが見習わなければならない一例です。

タネをまくと新品種誕生の可能性がある。熟し始めたイロハモミジのタネ

＊固定　斑入りやカラーリーフだけの木にすること

# 8月

暑さはピークに達しますが、旧盆を過ぎると秋の気配が漂います。朝夕は涼しくなり、休眠状態だったカエデも再び生育を開始します。

枝垂れ性品種と小型のギボウシ、フウチソウの寄せ植え

## 8月のカエデ、モミジ

1年で一番暑い時期です。しかし、下旬になると、夜は涼しくなってきます。このころから9月にかけて木が太り、再萌芽します。人間が元気を取り戻すようにカエデも生育しやすい時期に向かいます。

### ●主な作業

**枝抜き剪定** 先月に引き続き、枝抜き剪定が行えます。枝葉が茂って、木の株元や下枝部分が暗くなっていたら枝抜きを行い、樹冠内部の枝葉に日光が当たるようにしましょう。なお、先

月、済ませた場合は必要ありません。

## ●主な管理

**置き場（鉢植え）** 先月同様、夏の強光線は葉焼けの原因になるので、葉焼けに弱い品種（新梢が斑入りや明るい色合いの品種）は寒冷紗などで日よけをします。ただし、あまり暗くすると、秋の紅葉が美しい色にならません。また、カミキリムシを呼ぶ原因にもなります。普通の品種は日当たりでもかまいませんが、深鉢植えにもかかわらず根が回り、吸水しにくい状態になっていることが考えられます。夏は植え替えができないので、日陰へ移し、適期に植え替えます。

**水やり** 鉢植えは毎日水やりが欠かせません。浅鉢植えは朝夕2回与えますが、一般的な駄温鉢に植えたものは1回で大丈夫でしょう。なお、根が回って吸水しにくくなっている鉢には2回は与えましょう。夏の水やりは、通常、朝または夕方に水を与えるといわれますが、葉が巻いているようなら日中でも必ず水を与えてください。夕方まで待つ必要はありません。

庭植えは、植えつけて1年以上のものは必要ありません。1年以内のものには1週間に1回、たっぷり与えるようにします。

**肥料** 施しません。

**病害虫の防除** 今月までカミキリムシに注意が必要です。成虫は見つけしだい捕殺します。そのほかの害虫としてはヒロヘリアオイラガ、ミノムシなどがついていることがありますので、捕殺します。なお、ヒロヘリアオイラガは割ばしなどではさんで捕殺します。

# 9月

前半は残暑が厳しい時期ですが、朝夕はひんやりとした空気が心地よく感じられます。カエデの仲間は生き生きと生育し、先月から再萌芽した新梢がひときわ美しく見えます。

9月になると新梢が伸びてくる(再萌芽)。春ほどではないが美しい葉が楽しめる

## 9月のカエデ、モミジ

日中はまだ暑いですが、夜温が下がり、涼しくなってきます。半ばを過ぎると日中も涼しくなり、カエデにとっては生育しやすい気候条件になります。急に幹が太るのもこのころです。
再萌芽した新梢も美しく、春と同じとまではいかなくてもかなり美しく、成葉の中にみずみずしい新梢が浮き出て見えます。その新梢が固まるといよいよ紅葉の準備段階です。

## ●主な作業

**芽つぎ** つぎ木の芽つぎができます。一般にカ

エデは癒合組織のカルスが盛り上がりにくく、つぎ木が難しく、プロの生産者でも「つぎ木は苦手」という人が少なくありません。そんななかで素人にもおすすめの方法がこの芽つぎです。もともと難しいのですから、失敗してもともとと思って試してみてください（95ページ参照）。

**タネまき** 今月下旬になるともうタネが熟しています。茶色になっていなくても、熟しているので、とりまきしてみましょう。今、まけば来春発芽します（61ページ参照）。

**台風対策** 台風のときには強い風雨で枝や葉が折れることがあります。鉢植えのものはあらかじめ鉢を移動させたり、寝かせておくとよいでしょう。庭に植えて1年以内のものは支柱などにしっかりと固定されているかをチェックして補強したりするなどの対策を忘れないでください。

## ●主な管理

**置き場（鉢植え）** 前半はまだ暑いですが、日ざしも徐々に弱くなってくるので、そろそろ寒冷紗などの遮光資材を取り除き、なるべく日光に当たるところに置きます。紅葉の条件の一つが「日光によく当たること」です。

**水やり** 鉢植えは、気温の低下とともに乾燥もゆるやかになってくるので、夏場ほど頻繁な水やりは必要ありません。水やりの基本は「鉢土の表面が乾いてからたっぷりと与える」ことです。庭植えは夏を越したのでまったく必要ありません。

**肥料** 施しません。肥料が効いていると紅葉が美しい色になりません。紅葉が美しい色になる条件の一つに、土がやせていること、つまり肥料分がないことがあげられます。さらに秋に肥料を施したために伸びた枝は寒くなるまでに完

全に固まらないことがあり、そうなると寒い年にはその枝が寒害を受けます。

**病害虫の防除**　幹の根元をよく観察してみてください。カミキリムシの幼虫が入っていると木くずのようなふんが出ています。ふんを取り除くと穴があいているので、針金などを穴に差し込んで、幼虫を刺し殺すとよいでしょう。ヒロヘリアオイラガ、ミノムシなどは見つけしだい、捕殺します。

## 紅葉が赤くなるわけ

紅葉が赤くなるのは、アントシアンという色素によるもの。この色素は、葉にたまったデンプンが分解されてできた糖や、クロロフィル（葉緑素）が老化して分解されてできたアミノ酸などによって合成されます。晴れた日が続くと樹木はデンプンを多く蓄えます。温度が下がり、水分の補給が減ると、葉柄と茎の間に細胞の層（離層＝落葉の準備）ができ、デンプンが葉にたまります。また、急に温度が下がるとクロロフィルの分解が進み、アミノ酸がふえます。つまり、晴れた日が続き、昼夜の温度差が大きくなると、紅葉が美しくなります。

黄色くなるのはカロチノイドという黄色の色素によるもの。葉の葉緑体の中にはクロロフィルとともに、1/8の割合でカロチノイドが含まれています。秋になり、クロロフィルの合成が鈍ると隠れていたカロチノイドが現れてくるため、黄色になるのです。なお、イチョウのような黄葉はアミノ酸を合成する酵素が欠けています（ケヤキのように茶褐色になるのは、フロバフェンという色素が合成されるため）。

## つぎ木（芽つぎ） 適期＝9月

芽つぎは、台木にT字形の切れ込みを入れ、樹皮を開いて、つぎたい品種の芽を差し込む方法のつぎ木です。生育期に行いますが、秋の長雨シーズンが過ぎたころがちょうどよい時期です。

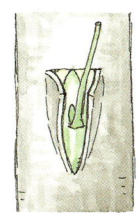

**3** 台木の切れ込み部分を左右に開いて、芽をしっかり切れ込みの底まで差し込む

**4** 葉柄を出して、つぎ木テープを巻く

芽つぎ直後の状態　*JBP-A.Tokue*

### 用意するもの
台木、芽をとる穂木（枝）、切り出しナイフ、つぎ木テープ

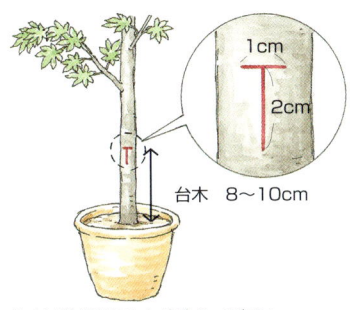

1cm
2cm
台木　8～10cm

台木は鉢植えにした実生2～3年目のものが扱いやすい

**1** 台木にT字形の切れ込みを入れる

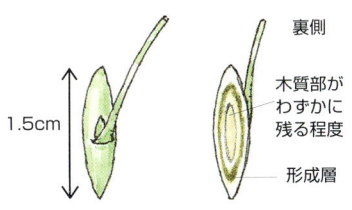

裏側
木質部がわずかに残る程度
形成層
1.5cm

**2** 穂木の芽をそぎ取る
＊穂木は今年伸びた枝を使い、葉柄を残して葉を切り取り、2時間ほど、水あげする

### つぎ木後の管理
活着すると葉柄がぽろりと落ちてくるが、葉柄が黒ずんでしまったら失敗である。もう一度つぎ直す。鉢は通常の管理を行う。芽が伸びるのは翌春になる。

# 10月

澄んだ空気、青空、1年中で一番さわやかな季節です。そして、カエデの仲間が紅葉し始めます。北国ではそろそろ色づき始め、紅葉前線が南下します。

10月上旬に収穫したばかりのタネ。まだ、青みが残るがこの状態でとりまきすると、確実に春に発芽する
❶ハウチワカエデ ❷イロハモミジ ❸オオモミジ
❹メグスリノキ ❺ヤマモミジ

## 10月のカエデ、モミジ

秋本番です。外見は変わっていませんが、木の内部では紅葉の準備が始まっています。

● **主な作業**

**タネまき** 先月に引き続き、タネまきができます。10月後半になって、タネが完熟してしまうと、発芽まで2年かかってしまうことが多いので、タネまきは早ければ早いほどよいです。タネをとって61ページの要領でまきましょう。なお、とったタネを乾燥させないで貯蔵し、春にまくこともできます。貯蔵は、タネを湿らせた

新聞紙に包み、ビニール袋などに入れて、袋の口を縛り、冷蔵庫に入れておきます。また、湿らせた砂の中にタネを埋めて、温度変化の少ない場所に置くこともできます。

**植えつけ、植え替え** 下旬からは植えつけや植え替え、庭のカエデを移植することもできます。掘り上げて、すべての葉を落とし、新しい場所に植えつけます（植えつけ方法は102ページ参照）。中旬までに行えば、植えつけ後に新しい根が出て、冬に傷むことがありません。鉢植えは104ページの要領で植え替えます。

● **主な管理**

**置き場（鉢植え）** なるべく日光に当たるところに置きます。紅葉の条件の一つが「日光によく当たること」です。

**水やり** 鉢植えは、鉢土の表面が乾いてからたっぷりと与えます。庭植えは植えつけたばかりの苗木には水を与えます。この場合、植えつけ直後と、その1週間後から1週間に1回、約1か月ぐらいたっぷり与えます。

**肥料** 施しません。肥料が効いていると紅葉が美しい色になりません。

**病害虫の防除** 先月同様、幹の根元をよく観察してみてください。カミキリムシの幼虫が入っていると木くずのようなふんが出ています。ふんを取り除くと穴があいているので、針金などを穴に差し込んで、幼虫を刺し殺すとよいでしょう。

ハウチワカエデのタネ

メグスリノキのタネ

## カエデと日本庭園

カエデは日本庭園に欠かせない庭木です。庭園をモチーフにしたカレンダーには必ずといっていいほど、紅葉が登場します。平安時代の造園の本『作庭記』*には、「東に花木、西にモミジ」と、花木とモミジは庭に必要な木と記されています。京都をはじめ、各地の庭園を歩いてみると一目瞭然です。もちろん、庭園のよさは調和の美で、和の心に通じるものがあり、モミジだけが植えられているわけではありません。モミジにはアカマツがよく合うといわれますが、その美を最大限に引き出すには造成された地形、水、石、常緑樹、建造物との組み合わせが必要で、それが日本庭園の情趣となっているのです。軒近くに植えられたモミジの葉陰が窓や障子に映る効果まで考えられ、工夫されてきました。

また、日本庭園ではイロハモミジなど原種系のものが多く利用されていますが、広い庭園のため、木が大きくなり、比較的手入れもいらず、紅葉が秋の庭の主役としてふさわしいからでしょう。特に京都では気候風土が紅葉の条件に適しており、原種系以外の品種を選ぶ必要もない（古い時代に品種はそれほど多くはなかった）からだと思われます。

ちなみに、最低気温が8℃を下回ると紅葉し始めるといわれます。秋になり、乾燥した晴天の日が続き、カエデに直射日光がたっぷり降り注ぎ、しかも夜温が低くなると美しく紅葉するといわれます。

京都の庭園からモミジがなくなったら、どうでしょう。庭の美しさは半減してしまうでしょう。

＊『作庭記』著述年代、筆者は不明。平安時代末期、関白藤原頼通の三男、橘俊綱（1028―1094）が若年のころ見聞した庭園工事を中心にして編纂されたものといわれるが、異説もある

## こんなカエデもある

イロハモミジとは異なる葉形の日本に自生するカエデの仲間をいくつかご紹介します。

### オガラバナ
*A.ukurunduense*

別名ホザキカエデ。穂状の花が、6〜7月ごろ開花する。奈良県以北の亜高山帯に自生する。

*T.Hazama*

### ミネカエデ
*A.tschonoskii*

本州、北海道の亜高山帯に自生する小高木。尾根付近に見られることから、ミネ（峰）カエデの名がついた。径1cmほどの小花を多数つける。

*T.Hazama*

### カジカエデ
*A.diabolicum*

別名オニモミジ。宮城県以南から九州の温帯山地に自生する。葉がクワ科のカジノキに似ていることからこの名がついた。

*M.Usuda*

### チドリノキ
*A.carpinifolium*

別名ヤマシバカエデ。葉が単葉で、対生する。種小名は「シデ属の葉をした」の意味で、シデの仲間によく似ている。岩手県以南から九州の温帯山地に分布する。

*M.Usuda*

# 11月

紅葉を楽しむ季節がやってきました。育てているカエデが美しく紅葉したら、友人知人に声をかけて、ちょっとした紅葉狩りを楽しんでください。

紅葉狩りの最盛期。紅葉の名所に出かけたいもの。写真は11月下旬、兵庫県にて

## 11月のカエデ、モミジ

紅葉本番です。カエデが最もカエデらしい、そんな季節です。美しい紅葉を楽しみたいものです。もちろん、気象条件により、美しい色合いにならない年もあります。また、年々温暖化が進み、紅葉は遅れがちになっています。

### ●主な作業

**タネまき** タネが完熟し、地面に落ちてきます。この時期のタネは、まくと翌々春の発芽となります。乾燥貯蔵しておき、春にまいてもよいでしょう（タネまきの方法は61ページ参照）。

**とり木、呼びつぎの苗を切り離す** 6月にとり木したものが発根している時期です。発根を確認して、切り離します。十分発根していない場合は、もうしばらく、そのままにしておきましょう。また、3月に呼びつぎしたものは活着しているはずです。つぎ木テープを外してみて、活着を確認してから、台木の残した部分を切り取ります（105ページ参照）。

**移植、植えつけ、植え替え** これらの作業の最適期です。苗木を購入して庭に植える場合は、ポットから抜き、根鉢を一回りくずして、植えつけます。移植は102ページ、鉢植えの植え替えは104ページの要領で行います。

**剪定** カエデは年が明けると5月に入るまで剪定はできませんので、今月中旬から12月中に行います。剪定のコツはなるべく全体の雰囲気がやわらかく見えるように仕上げること。また、枝は横に伸びるように剪定し、上下に伸ばさないように剪定すると美しく仕上げることができます（106ページ参照）。

● **主な管理**

**置き場（鉢植え）** なるべく日光に当たるところに置いて、紅葉を十分楽しみましょう。

**水やり** 鉢植えは、鉢土の表面が乾いてからたっぷりと与えます。庭植えは植えつけたばかりの苗木には水を与えます。この場合、植えつけ直後と、その1週間後から1週間に1回、約1か月ぐらいたっぷり与えます。

**肥料** 施しません。

**病害虫の防除** うどんこ病が発生したことがある株は、落ち葉を集めて焼却します。落ち葉をそのままにしておくと病原菌が残り、春から夏にかけて殺菌剤を散布しても効果は半減し、うどんこ病が再発します。

## 移植、植えつけ　適期＝10月下旬〜12月

庭植えのカエデの仲間の移植や植えつけ、鉢植えの植え替えは落葉直後の11月から12月が最適期です。なお、大きな木の移植は、プロに依頼するほうが安心です。

### ●庭植えのイロハモミジの移植

**1** 移植するイロハモミジを掘り上げる。スコップの背を幹に向けて縦に差し込み、丸く根鉢をつくるように掘る

**2** 周囲をぐるりと掘ったら、根鉢がくずれないように掘り上げる

**3** 掘り上げた

**4** 移植する場所に、根鉢より一回り大きな植え穴を掘る

**5** 穴の底に掘り上げた土の3割の腐葉土を入れ、スコップで土とよく混ぜる

**6** 移植する株を植え穴に据える

**7** 腐葉土を混ぜた土を根鉢のまわりに戻し、周囲にぐるりと水鉢をつくる

**8** たっぷり水を与える

**9** 水が引いたら、周囲の土をかぶせる

**10** 根元を軽く踏み固めておく

11月

### 作業後の管理
作業後に支柱を立てておく。支柱は1年ほど立てたままにしておく。1か月ほど、1週間に1回、水を与えるが、その後は必要ない。

## 鉢植えの植え替え　適期＝10月下旬〜12月

**用意するもの**

植え替える株、一回り大きな鉢、用土（赤玉土小粒5、桐生砂2、腐葉土3の配合土）

**1** 鉢から抜き、根鉢の周囲をおおまかにピンセットなどでくずす

**2** 新しい鉢に株を据え、用土を入れる

**3** 用土がすき間なく入るように、根鉢の周囲をピンセットや割りばしなどで突き込む

**4** たっぷり水を与える

### 植え替えの間隔

鉢植えは通常、2年に1回植え替える。桐生砂などを配合した劣化しにくい用土の場合は3年に1回でもよい

### 作業後の管理

冬の間は管理しやすい場所に置き、春の萌芽時から日当たりのよい場所で管理する。なお、冬の間も鉢土が乾いたら、水を与える。

## 呼びつぎ株を切り離す

3月に呼びつぎした株（65ページ参照）を台木から切り離します。

呼びつぎ株の夏の状態

**2** 台木のつぎ目から上の部分を切り取る

秋の落葉後

**3** 切り離した状態

**1** つぎ目の部分で、まず、穂木の不要な部分を切り離す

つぎ目の部分。合わせ目が癒合し、しっかりつながっている

11月

## 休眠期の剪定　適期＝11月中旬〜12月

### ●株立ちのイロハモミジの剪定

樹冠の内側に向かって伸びる枝や込み合う枝、強い徒長枝などを除いていきます。剪定の基本、枝の切り方は73〜75ページをご覧ください。

**1** まず、枯れた枝をつけ根で切り取る

**2** 強く伸びた徒長枝がある

**3** 全体のバランスを見ながら、徒長枝を切り取る

**4** 内側に伸びる枝をつけ根で切り取る

**5** かなりすっきりとした

剪定後の株

剪定前の株

## ●枝の切り方のよしあし

**悪い切り方**

枝の途中でぶっつり切る。ごつごつとした印象になる

**よい切り方**

横に伸びた枝は分枝した枝のつけ根の下側で目立たないように切る

11月

107

## 休眠期の剪定　適期＝11月中旬〜12月

### ●枝垂れ性品種の剪定

枝垂れ性の品種の剪定を紹介します。基本的な剪定方法は変わりませんが、傘を開いたような樹形を念頭において剪定します。①立ち枝、②平行枝、③込み合う枝、④下り枝の順に剪定し、最後に全体を見て、樹形を整えます。

剪定後の株

剪定前の株（'手向山'）

**1** 立ち枝を切る

立ち枝

**2** 平行枝を切る

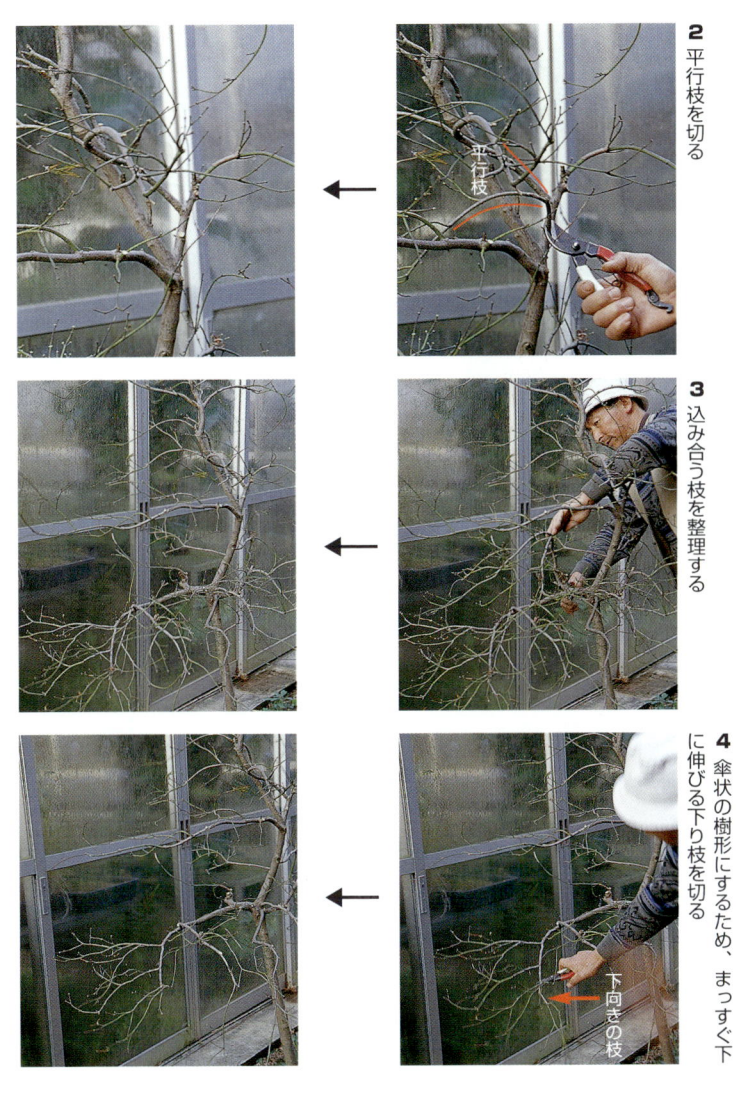

**3** 込み合う枝を整理する

**4** 傘状の樹形にするため、まっすぐ下に伸びる下り枝を切る

下向きの枝

11月

# カエデ、モミジと日本人

'限り'

'手向山'

奥山に紅葉（もみぢ）ふみわけ鳴く鹿のこゑきく
時ぞ秋はかなしき
　　　　　　　　　　　よみ人しらず（古今和歌集）

「紅葉狩り」の言葉に象徴されるように、カエデ、モミジは紅葉した葉色の美しさを愛でる落葉樹の代表で、古くから日本人の生活にとけ込んで親しまれてきました。記録に残るものでは『万葉集』に登場します。さらに『古今和歌集』『新古今和歌集』にも詠まれています。モミジを愛でる伝統は長い歴史があるわけです。モミジは手工芸のモチーフとしても用いられ、絵画や染織、工芸品の意匠として数々の名品が残されています。

江戸時代元禄年間（1688—1704）に、モミジの流行の最盛期がありました。江戸、駒込・染井の植木屋伊藤伊兵衛（三之丞）、政武は『花壇地錦抄』などの書物で100種を超える園芸品種を紹介していますが、品種名は『千載集』や『古今集』

メグスリノキ
*M.Usuda*

イタヤカエデ
*M.Usuda*

などの和歌の中からヒントを得て名づけています。

例えば、「赤地錦（青崖）」は「紅葉はに月の光をさしそへて是や赤地の錦なるらん」（千載集）、「限り」は「ちらねともかねてそをしきもみぢはは今は限の色と見つれば」（古今集）、「手向山」は「このたびは幣もとりあへず手向山もみぢの錦神のまにまに」（古今集）などがその例です。彼らは遊び心と優れた文化的素養を身につけていた教養人であったことが推察できます。

カエデは「食べる」という対象にもなりました。カナダやアメリカではサトウカエデの樹液からつくられるメイプルシロップが有名ですが、日本ではイタヤカエデのメイプルシロップがつくられています。若葉や紅葉した葉は料理を彩る大切なわき役でもありますが、天ぷらとして食べることもできます。薬用植物としてはメグスリノキが古くから利用されており、最近またブームとなっていることはよく知られています。なお、ハナノキの樹皮もメグスリノキと同様に利用できます。

# 12月

紅葉の季節も終わり、剪定の時期を迎えました。美しい樹形を保つために、上手に剪定しましょう。剪定が終われば、今年の管理作業は終了です。

ウリハダカエデ（本州、四国、九州に分布）の紅葉。ウリハダカエデは幹肌に黒い縦縞が入るのが特徴

## 12月のカエデ、モミジ

年々暖冬傾向が強くなり、関東地方以西では中旬過ぎまで葉が残っていることが多くなりました。冬の枝の色が美しい品種もあります。枝が真っ赤になる'珊瑚閣'、枝が緑色の'鬱金'、枝が肌色になる'美峰'などが、冬の庭を明るくします。

● 主な作業

**剪定** 先月に引き続き、剪定の適期です。カエデは年が明けると5月に入るまで剪定できませんので、必ず今月中に行います。剪定のコツは

なるべく全体の雰囲気がやわらかく見えるように仕上げること。また、枝は上下に伸ばさず、横に伸びるように剪定すると美しく仕上げることができます（106〜109ページ参照）。

**移植、植えつけ、植え替え**　先月同様、作業ができます。苗木を購入して庭に植える場合は、ポットから抜き、根鉢を一回りくずして植えつけます（43ページ参照）。移植、鉢植えの植え替えは102〜104ページの要領で行います。また、年明け後から3月ぐらいまでの間に引っ越しなどの計画がある場合は、カエデを今月中に掘り上げて、大きめの鉢などに仮植えしておきます。年が明けてからの植え替えは5月下旬までできません。

**実生は防寒**　春にタネをまき、発芽していたら、霜に当てないように鉢や育苗箱を軒下などへ移動させます。また、秋にまいたタネが発芽して

いない場合もタネが霜柱で持ち上げられないように軒下などに置くとよいでしょう。

## ●主な管理

**置き場（鉢植え）**　落葉したら日光は必要がないので、管理しやすい場所に置きます。

**水やり**　落葉後は根からの吸水や蒸散も少なくなり、水やり間隔は長くなりますが、与えなくていいわけではありません。鉢土の表面が乾いてからたっぷりと与えます。また、防寒のために棚下などに取り込んだ鉢は水やりを忘れがちです。気をつけましょう。庭植えは植えつけたばかりのもので、雨が降らない日が続いて乾燥していたら、1週間に1回程度与えます。

**肥料**　施しません。

**病害虫の防除**　特に作業はありません。

## サトウカエデの樹液からつくられるメイプルシロップ

カエデから採れる甘味料はメイプルシロップといい、最近はどこででも入手できるようになりました。その名のとおり、北アメリカのサトウカエデ（*A.saccharum*）がその代表で、カナダの国旗になっていることでもよく知られています。

サトウカエデは大木になり、葉も大きく、紅葉は黄色になります。品種も多く、紅葉が赤くなるものや樹形の細いファスティギアータなどで、最近では日本でも見られるようになってきました。また、北アメリカのギンヨウカエデ、ネグンドカエデ、アメリカハナノキにも糖分が含まれており、メイプルシロップが採れます。

日本では、青森県、北海道の一部でイタヤカエデからメイプルシロップがつくられています。チドリノキ（ヤマシバカエデ）やアサノハカエデにも糖分が含まれています。ただし、幹に穴をあけて樹液を採取するので、幹の細いこれらのカエデはメイプルシロップには適しません。幹の直径25〜40cmで1個、40〜50cmで3個、それ以上で4個の穴をあけ、1穴から1シーズンに約1ℓを採取し、これを煮詰めてつくります。なお、サトウカエデで樹液に含まれる糖の含有量は2%くらいです。

*M.Usuda*

メイプルシロップ

*JBP-S.Maruyama*

サトウカエデ

# 栽培上手になるために
# カエデ、モミジ Q&A

カエデ、モミジを栽培している皆さんから寄せられた疑問や質問から、今後の栽培の参考になるものを選んで回答しています。栽培上手になるために、ぜひ、参考にしましょう。

トネリコバノカエデのタネ
*M.Usuda*

# カエデ、モミジ Q&A

## Q 紅葉が美しい品種は?

10坪ほどの庭で花づくりをしていますが、雑木の庭に模様替えしようと思います。モミジを2~3本入れたいのですが、紅葉が美しく、剪定などに手間のかからない丈夫な品種を教えてください。また、モミジに似合う雑木にはどんなものがあるでしょう。

## A

紅葉の代表種である'大盃'は成長が比較的遅く、上にはあまり伸びません。'松風'も紅葉が美しく、あまり大きくならないのでおすすめです。雑木では、ヤマボウシ、エゴノキは花が楽しめます。ブナやシデ類、アオハダもよいでしょう。それらに常緑のイチイやカキ、ヒサカキ、ツバキの'侘助'などを組み合わせるとよいでしょう。

## Q カエデは成長が遅い木なの?

3年前、高さ70cmぐらいの'笠置山'の苗木を購入して庭に植えたのですが、なかなか大きくなりません。一回り大きくなった程度です。カエデは成長が遅い木ですか? 1年でどのぐらい大きくなりますか。高さ3mぐらいの木になるまで何年かかるでしょう。

## A

'笠置山'はあまり大きくならない品種で、3mにはなりません。しかし、カエデは一般に1年で30cmぐらい伸びます。'笠置山'は上にはあまり伸びず、最大でも2mぐらいですが、2mになるまでに10年ほどかかります。

## ●カエデの仲間と組み合わせたい雑木のいろいろ

ヤマボウシ　　　　　　　　　　　*JBP*

エゴノキ　　　　　　　　　　*JBP-S.Maruyama*

アオハダ　　　　　　　　　　　*M.Usuda*

ツバキ '侘助'　　　　　　　　　*JBP*

## Q 普通のモミジのような葉が出てきたのはなぜ？

'燕換'を育てています。細く切れ込んだ葉が魅力なのに、普通のモミジのような葉の枝が出てきました。これはどうしてでしょう。この枝は残しておいてもいいですか？

'燕換'の芽出し　*M.Usuda*

イロハモミジの園芸品種'胡蝶の舞'からイロハモミジの枝が出ている

*JBP-A.Tokue*

枝のつけ根で切り取る

*JBP-A.Tokue*

## A

「品種もの」は親木の葉が変化したものですから、途中から親木の葉が出てくることが少なくありません。そのままにしておくと、親木のほうが樹勢が強いので、だんだん先祖返りしてしまいます。見つけたら早めに切り取ります。

118

ノルウェーカエデ 'ドラモンディー'
JBP-M.Fukuda

## Q ノルウェーカエデは大阪でも育つ?

イギリスに旅行したとき、ノルウェーカエデ'ドラモンディー' というカエデを見かけました。とても美しい木ですが、日本でも購入できますか? 大阪でも植えることができますか?

## A

日本でも市販されています。しかし、寒い地方に適した品種なので、暖地ではカミキリムシやカイガラムシが発生しやすくなります。大阪ではやめたほうが無難です。

## Q 枝先が枯れ込むのはなぜ?

10年ほど前から、'珊瑚閣' を育てています。高さ4mぐらいになっているのですが、枝先が70〜80㎝枯れ込んだ枝が2〜3本あります。毎年、同じように数本枯れ込みます。これはどうしてでしょうか?

## A

カミキリムシの成虫が枝先をかじったためと思われます。よく見ると、枯れ込んだ部分の下のほうに食害の跡があるはずです。植えつけ場所の水はけが悪い場合も枝の先端部分が枯れますが、その場合は2〜3本にとどまらず、全体的に枯れます。

**Q 庭のカエデが突然枯れたが、これはなぜ？**

庭のカエデ（′鬱金′、2.5mぐらい）が突然元気がなくなり、枯れてしまいました。掘り上げてみたら根の成長がよくなかったようですが、カミキリムシは見られませんでした。これはどんな原因が考えられますか。

**A** 植えつけたばかりのものは木の状態が悪いと枯れることがあります。また、植えつけ後1年ぐらいまでのものは水のやりすぎで枯れることが意外に多いです。ごくまれに肥料過多や水不足ということもあります。住まいのすぐわきやブロック塀のわきなど、セメントを使ったところに植えた場合、セメントが強アルカリ性のため、枯れることがあります。

トウカエデ
′花散里′の花

M.Usuda

## Q 夏に葉がぼろぼろになったが、どうして？

高さ50㎝ぐらいの細い斑入り葉の美しいカエデ（「花纏」）を購入し、鉢に植えて日当たりに置きました。夏に大半の葉が枯れ、ぼろぼろの状態になりました。これはどうしてでしょうか？

## A

葉焼けです。特に植えつけ後2年ぐらいは木に力がなく、こういう症状がよく見られます。夏は半日陰に置きましょう。葉焼けしたのでしょうか？

## Q つぎ木にコツはあるの？

## A

イロハモミジの台木を使って、普通の落葉樹と同じ要領で、冬につぎ木をしてみましたが、活着しませんでした。カエデのつぎ木には特別なコツがありますか？

カエデは樹皮が薄く、つぎ木が難しい種類の一つです。プロの生産者でもカエデだけはつぎ木ができないという人がいるほどです。あきらめずに何度もチャレンジしてください。冬の切りつぎよりも秋の芽つぎのほうが成功しやすいでしょう。

## Q 10年目で枯れたのはどうして？

引っ越しのときに植えたカエデが10年目で枯れてしまいました。移植した時期は3月です。以来10年間も元気だったのにどうして突然枯れたのでしょう。

## A

カエデは落葉樹ですが、1月から3月に移植すると非常にダメージが大きく、カミキリムシが入りやすくなります。8年から10年でほとんどが枯れてしまいます。3月に引っ越しをする場合、11月から12月に一度掘り上げて仮植えしておき、3月にあらためて移植します。

# カエデ、モミジの主な病気、害虫とその防除法

カエデ、モミジ類の病気と害虫を防除するために、症状や発生しやすい時期、予防とその対策を紹介します。

## ●病気

### 首垂細菌病

4月下旬から5月にトウカエデに発生する。新梢の柔らかい枝の先端から黒い病斑が現れ、しだいにしおれていく。やがて新梢全体の葉が褐変し、落葉する。

### うどんこ病

5種類の病原菌が知られており、春から初夏にかけて多くのカエデに発生する。いずれも、葉にうどん粉をまぶしたような症状が見られる。

病原菌を残さないように秋に落ち葉を焼却し、春から夏にかけてトリフミゾール（トリフミン）水和剤などを散布する。

### 胴枯病

枝から幹へと枯れ込むが、病斑が小枝から太い枝へ、幹全体へと広がり、枯死することもある。被害部を大きめに切り取り、傷口にチオファネートメチルペースト（トップジンMペースト）を塗布しておく。

### 炭そ病

6月初旬に発生する。葉に暗褐色の小点ができ、円形から長円斑になり、最後に葉が枯れる。

落葉後、病原菌を残さないように落ち葉を焼却する。

**黒紋病、小黒紋病**

8月に葉に斑点ができ、黒色の隆起物が生じる。落葉後に病原菌を残さないように落ち葉を焼却する。

**斑点病**

初夏から秋に、葉に褐色の斑点ができ、だんだん大きくなる。葉を早めに摘み取って焼却する。

**粗皮（あらかわ）病**

日の当たる樹皮上に2月から3月にアズキ大の変色部ができ、拡大する。病斑部を削り取り、つぎロウなどを塗布しておく。

＊つぎロウ　つぎ木の接合部に塗布するロウ

**ビロード病**

フシダニによる被害で、葉に虫こぶができ、ビロード状になる。葉を早く摘み取って焼却する。

● **害虫**

**カミキリムシ**

成虫は樹皮を食害し、枝先を枯らすが、幼虫は枝幹内部を食害するので、全体を枯らす場合が多い。数種類見られるが、特にゴマダラカミキリが多い。成虫は捕殺し、幼虫は内部に入ると幹からノコギリくずのようなふんを出すので、穴を見つけて針金などで幼虫を刺し殺す。特に根元に入ることが多いので要注意。

**アブラムシ**

数種類見られるが、特に春から初夏にモミジニタイケアブラムシが発生する。MEP乳剤（スミチオン乳剤）などを散布するが、葉裏につくので、葉裏に薬液を噴霧する。

## ウスタビガ

7月から10月ごろ、黄緑色の幼虫が葉を食害する。成虫は秋に現れて交尾し、雌は卵を産み、卵で越冬する。幼虫や繭を見つけたら捕殺する。

## カイガラムシ

数種知られるが、特にモミジノワタカイガラムシが発生する。6月に幼虫、8月に成虫になる。6月にアレスリン・マシン油エアゾル（カダンK）などを散布する。

## ヒロヘリアオイラガ

6月から7月、8月から9月（幼虫）に現れ、幼虫が葉を食害する。体表に生える刺毛は有毒。扁平な繭を幹上につくり、越冬する。幼虫はピンセットなどでつかみ取り、捕殺する。繭も見つけしだい取り除く。

## マイマイガ

大型のケムシで幹に張りついて、葉を食害する。捕殺するか、幼虫の発生期にエトフェンブロックス乳剤（トレボン乳剤）などを散布する。

## その他の害虫類

オオミノガ（ミノムシ）、モンクロシャチホコ、オオミズアオなどが発生するので、捕殺する。

ヒロヘリアオイラガの繭

ウスタビガの繭。黄緑色で美しい

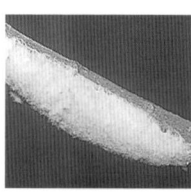

マイマイガの卵塊。卵がベージュ色のフェルト状の塊になって枝に張りつく

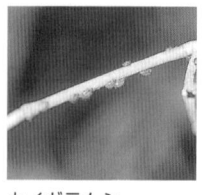

カイガラムシ

## 北国（寒冷地）のカエデ、モミジ

カエデの仲間は日本全国に自生しているので、栽培がやさしい樹木の一つです。もちろん、地域により分布する種類が異なるので、寒冷地に適した種類、暖地に適した種類があります。特に寒冷地に適した種類はイタヤカエデ、ミネカエデで、外国産のものではノルウェーカエデ、サトウカエデ、ギンカエデ（サトウカエデよりも葉の切れ込みが深い）です。これらに続くのはハウチワカエデ、オオモミジ、外国産のものではベニカエデがあります。園芸品種は'猩々'や'濃紫（野村）'のように冬期に地上部が枯れ込んでしまうものが少なくありません。しかし、雪が積もる地域では問題なく冬越しできます。雪が降らずに庭土が冬中凍っているような地域では、園芸品種は鉢植えで楽しみましょう。また、寒冷地ではカミキリムシが少ないので、暖地のように食害を受けて枯死することはありません。

### 北国の年間の管理・作業暦　　　　　　　　　　　　（東北地方以北基準）

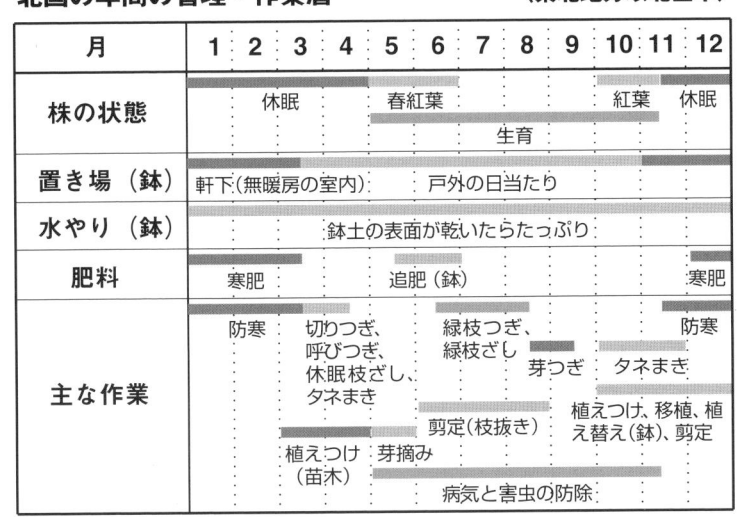

| 月 | 1 | 2 | 3 | 4 | 5 | 6 | 7 | 8 | 9 | 10 | 11 | 12 |
|---|---|---|---|---|---|---|---|---|---|---|---|---|
| 株の状態 | 休眠 | | | 春紅葉 | | | 生育 | | | 紅葉 | | 休眠 |
| 置き場（鉢） | 軒下(無暖房の室内) | | | | 戸外の日当たり | | | | | | | |
| 水やり（鉢） | | | | 鉢土の表面が乾いたらたっぷり | | | | | | | | |
| 肥料 | 寒肥 | | | | 追肥（鉢） | | | | | | | 寒肥 |
| 主な作業 | 防寒 | | 切りつぎ、呼びつぎ、休眠枝ざし、タネまき | | 緑枝つぎ、緑枝ざし | | 芽つぎ | タネまき | | 植えつけ、移植、植え替え（鉢）、剪定 | | 防寒 |
| | | | | 植えつけ（苗木） | 芽摘み | 剪定（枝抜き） | | | | | | |
| | | | | | | 病気と害虫の防除 | | | | | | |

## 南国（暖地）のカエデ、モミジ

自生地から見るとクスノハカエデ、コハウチワカエデ、イロハモミジ、イタヤカエデ、ウリハダカエデなどが最も暖地に適し、次いでオオモミジ、チドリノキ、カジカエデなどが適します。園芸品種はどれも無理なく育ちますが、ノルウェーカエデ'クリムソン・キング'や「プリンストン・ゴールド」、'レオポルディー'などの外国産種は暑さを嫌うので適しません。暖地では昼夜の温度差が小さいなど、紅葉（赤くなる種類）するための条件が悪いので、赤くなる種類が欲しい場合は、品種を選びましょう。また、カミキリムシの被害が多いので、カミキリムシには十分注意します。特に園芸品種は被害を受けやすいので気をつけます。

### 南国の年間の管理・作業暦　　　　　　　　（九州地方以南基準）

| 月 | 1 | 2 | 3 | 4 | 5 | 6 | 7 | 8 | 9 | 10 | 11 | 12 |
|---|---|---|---|---|---|---|---|---|---|---|---|---|
| 株の状態 | 休眠 | | 春紅葉 | | | | 生育 | | | | 紅葉 | 休眠 |
| 置き場（鉢） | 管理しやすい場所 | | | | 戸外の日当たり | | | | | | | |
| 水やり（鉢） | | | | | 鉢土の表面が乾いたらたっぷり | | | | | | | |
| 肥料 | 寒肥 | | | | 追肥（鉢） | | | | | | | 寒肥 |
| 主な作業 | | | 切りつぎ、呼びつぎ、休眠枝ざし、タネまき | | 緑枝つぎ | | | 芽つぎ | | | | |
| | | | 植えつけ（苗木） | | 緑枝ざし | | | | タネまき | | | |
| | | | | | 剪定（枝抜き） | | | | 植えつけ、移植、植え替え（鉢） | | | |
| | | | | 常緑種の植えつけ | 芽摘み | | | | | | | |
| | | | | | 病気と害虫の防除 | | | | | | 剪定 | |

## カエデ、モミジが入手できるナーセリー、ショップ

　カエデやモミジは、植えつけシーズンには園芸店やガーデンセンターに出回ることもありますが、品種が限られます。好みの品種を入手したい場合は、カエデ専門のナーセリーやショップに問い合わせましょう。

---

| | | |
|---|---|---|
| 改良園 | 〒333-8601　埼玉県川口市神戸123　☎ 048-296-1174 | |

---

| | | |
|---|---|---|
| 確実園園芸場 | 〒300-1237　茨城県牛久市田宮2-51-35　☎ 029-872-0051 | |

---

小林ナーセリー　　　　　〒334-0059　埼玉県川口市安行944
　　　　　　　　　　　　☎ 048-296-3598

---

小林槭樹(もみじ)園　　　〒334-0058　埼玉県川口市安行領家325
　　　　　　　　　　　　☎ 048-295-1491

---

小林養樹園　　　　　　　〒190-0034　東京都立川市西砂町4-1-3
　　　　　　　　　　　　☎ 042-531-0123

---

清峯園　　　　　　　　　〒321-3235　栃木県宇都宮市鐺山町2035-2
　　　　　　　　　　　　☎ 028-667-3171

---

仲田種苗園　　　　　　　〒963-7837　福島県石川郡石川町中野字寺内15-5
　　　　　　　　　　　　☎ 0247-26-7880

---

司メープル　　　　　　　〒185-0001　東京都国分寺市北町3-18-4
　　　　　　　　　　　　☎ 042-324-0458

---

緑創　　　　　　　　　　〒184-0014　東京都小金井市貫井南町4-18-27
　　　　　　　　　　　　☎ 042-385-8131

---

## 川原田邦彦 (かわらだ・くにひこ)

1958年、茨城県生まれ。東京農業大学造園学科卒業。（社）日本植木協会会員。「趣味の園芸」講師として活躍するほか、樹木のナーセリー、造園などを幅広く手がける。カエデ、モミジ類は古品種から最新品種まで幅広く収集し、現代の家庭の庭やコンテナガーデンに利用する新しい提案を続ける。主な著書は『NHK趣味の園芸よくわかる栽培12か月　フジ』『NHK趣味の園芸よくわかる栽培12か月　アジサイ』ほか。

---

デザイン
　佐藤裕久
イラスト
　常葉桃子
写真撮影・提供
　川原田邦彦／筒井雅之／徳江彰彦／
　蛭田有一／福田稔／丸山滋
撮影協力
　確実園園芸場／小林楓樹園
校正
　安藤幹江／梅澤久視子
編集協力
　うすだまさえ

NHK趣味の園芸
よくわかる栽培12か月
**カエデ、モミジ**

2006年4月15日　第1刷発行
2023年5月30日　第9刷発行

著　者　川原田邦彦
　　　　© 2006 Kawarada Kunihiko
発行者　土井成紀
発行所　NHK出版
　　　　〒150-0042　東京都渋谷区宇田川町10-3
　　　　TEL　0570-009-321（問い合わせ）
　　　　　　　0570-000-321（注文）
　　　　ホームページ　https://www.nhk-book.co.jp
印　刷　凸版印刷株式会社
製　本　凸版印刷株式会社

ISBN978-4-14-040219-1 C2361
Printed in Japan
落丁・乱丁本はお取り替えいたします。
定価はカバーに表示してあります。
本書の無断複写（コピー、スキャン、デジタル化など）は、
著作権法上の例外を除き、著作権侵害となります。